Oscar Bie
Franz Schubert
Sein Leben und Werk

Bie, Oscar: Franz Schubert. Sein Leben und Werk
Hamburg, SEVERUS Verlag 2011.

ISBN: 978-3-86347-022-7
Druck: SEVERUS Verlag, Hamburg, 2011
Lektorat: Annika Braatz

Der SEVERUS Verlag ist ein Imprint der Diplomica
Verlag GmbH

Bibliografische Information der Deutschen Nationalbibliothek:
Die Deutsche Nationalbibliothek verzeichnet diese Publikation
in der Deutschen Nationalbibliografie; detaillierte bibliografische Daten sind im Internet über
http://dnb.d-nb.de abrufbar.

© SEVERUS Verlag
http://www.severus-verlag.de, Hamburg 2011
Printed in Germany
Alle Rechte vorbehalten.

Der SEVERUS Verlag übernimmt keine juristische Verantwortung oder irgendeine Haftung für evtl. fehlerhafte Angaben
und deren Folgen.

Vorwort des Verlegers

Verehrter Leserinnen und Leser,

der SEVERUS Verlag hat es sich zur Aufgabe gemacht, ausgewählte vergriffene Schriften aus dem letzten Jahrtausend wieder zu verlegen. Der schriftlich festgehaltene Teil der Vergangenheit, von Menschen aus der entsprechenden Zeit verfasst, wird so für die Zukunft bewahrt und wieder einer breiten Leserschaft zugänglich gemacht.

Gerade in unserem, dem sogenannten digitalen Zeitalter ist die Gefahr der Vernichtung und vor allem der Verfälschung von Quellen so groß wie bisher in keiner anderen Phase der Neuzeit. Die Bibliotheken sind gezwungen, mit immer geringeren Budgets zu haushalten und können den Interessierten nicht mehr oder nur noch selten den Zugang zu den Schriftstücken im Original gewähren. Die Anzahl antiquarischer Bücher sinkt aufgrund des altersbedingten Verfalls, der unvermeidbaren Zerstörung durch Unfälle und Naturkatastrophen sowie des Abhandenkommens durch Diebstahl stetig. Viele Titel verschwinden zudem in den Regalen von Sammlern und sind für die Allgemeinheit nicht mehr zugänglich. Das Internet mit seinem vermeintlich unbegrenzten Zugriff auf Informationen stellt sich immer mehr als die große Bedrohung für Überlieferungen aus der Vergangenheit heraus. Die Bezugsquellen der digitalen Daten sind nicht nachhaltig, die Authentizität der Inhalte nicht gewährleistet und die Überprüfbarkeit der Inhalte längst unmöglich. Die Digitalisierung von Bibliotheksbeständen erfolgt meist automatisiert und erfasst die Schriften häufig lückenhaft und in schlechter Qualität. Die digitalen Speichermedien wie Magnetplatten, Magnetbänder oder optische Speicher haben im Gegensatz zu Papier nur einen sehr kurzen Nutzungszeitraum. Langzeiterkenntnisse liegen nicht vor oder bestätigen die kürzere Haltbarkeit wie bei der Compact Disc.

Der SEVERUS Verlag verlegt seine Bücher klassisch als Buch in Papierform broschiert, teilweise auch als hochwertiges Hardcover und als digitales Buch. Die Aufbereitung der Originalschriften erfolgt manuell durch fachkundige Lektoren. Titel in Fraktur-Schrift werden in moderne Schrift übersetzt und oft nebeneinander angeboten. Vielen Titeln werden Vorworte von Wissenschaftlern und Biographien der Autoren vorangestellt, um dem Leser so den Zugang zum Dokument zu erleichtern.

Gerne nehmen wir auch Ihre Empfehlung zur Neuauflage eines vergriffenen Titels entgegen (kontakt@severus-verlag.de).

Viel Freude mit dem vorliegenden SEVERUS Buch wünscht

Björn Bedey,
Verleger

Schubert

Nach der Natur gezeichnet von W. A. Rieder, 1825

1. Das Leben

Du liebes Gesicht! Erst schaust du aus wie ein Lehrer, freundlich durch die Brille blickend, aber man sieht: du bist einer, der seine Kunst gelernt hat und den Satz wohl versteht. So jung bist du gestorben. Mit einunddreißig Jahren, wo andere vielleicht erst anfangen. Und so wenig von deinen Werken ist bei Lebzeiten erschienen, daß der Druck der gesammelten Werke länger dauerte als dein ganzes Erdendasein. Wen die Götter lieben, den lassen sie jung sterben. Was sage ich – du hättest deine Jugend fortgesetzt in ein noch reiferes Mannesalter, in eine unbeschreiblich fruchtbare Zukunft und wärest der Erste und Wichtigste von allen geworden.

Nicht wahr, so streng bist du nicht. Dein Haar lockt sich über der Stirn. Das ist kein Lehrer, das ist ein Künstler, ein rechter Musiker, wenn auch gar kein Virtuose. So bescheiden blickst du einher. Ein Mensch des Volkes. Einer, der als Mensch mit Menschen schöne Dinge bespricht und musiziert. Und welche Lippen! Ein kleiner süßer Zug von Sinnlichkeit, ein freundliches Erwarten, ein Sagenwollen heiterer Sachen. Jetzt öffnen sie sich und lächeln und werden erzählen, unendlich lange erzählen, immer wieder neue Geschichten, oder auch dieselbe Geschichte wieder in einer neuen Variation, und werden nicht fertig werden in ihrer wienerischen Gemütlichkeit. Da ist nichts Herrscherhaftes und nichts Intrigantes, nichts Drückendes, nichts Problematisches, alles fließt natürlich vom Herzen zum Herzen, und kaum schweift einmal der Sinn über die große Welt, die sich ringsherum auftut. Liebe umgibt dich und gewinnt dir die Menschheit durch eine Reihe von tausend Jahren, auf einer so weiten und großen Strecke, wie sie dein kleines Auge nicht einmal im Traume geahnt hat. Aus dem dünnen und mageren Boden eines ereignislosen Lebens blüht eine Kraft von unendlicher Macht und Dauer.

Tanz und Lied sind die Quellen, die leichte, beschwingte Melodie, die weiche Harmonie, der wiegende Rhythmus. Es gibt keine Erschütterungen, keine Abstürze und Aufschwünge zwischen dramatischen Gegensätzen, man bewegt sich in einer Landschaft, die voll Sonne und Duft ist, in einer Frühlingslandschaft, an einem ersten Schöpfungstage der Musik, da der Mensch noch mit sich selbst einig ist, dankbar gegen seine Umgebung, ohne jedes Ressentiment eines Aufruhrs oder einer Leidenschaft. Noch haben sich die Gewalten nicht differenziert. Es ist eine Welt der Jugend und des Glaubens, aber auch eine Welt des Alters und der Zuflucht, denn das Alter ist selig, in diese fast unberührten Gefilde wieder zurückzusteigen.

Die leichte Sinnlichkeit, das lyrische Spiel, das erst in den spätesten Werken gewisse Schauer der Dämonien durch die Glieder rieseln fühlt, ist Behaglichkeit und Ruhe. Unermüdlich musiziert man. Man schreibt Tage und Nächte lang Noten. Man zieht dasselbe Motiv unendlich weiter und kann sich nicht genug tun in der Wiederholung und Ausbreitung desselben Gedankens. Und doch wird diese Länge niemals schwerfällig oder unnatürlich, weil sie der Atem ist einer Musikerseele, die für das Plaudern und Abwandeln und Variieren geboren ist, nicht ein einziges Mal in Verlegenheit, die Schleusen des innen fließenden Tonstromes zu öffnen und die Fluten zu lösen, schaukelnd, plätschernd und sich selbst überlassen. Welche Wonne ist es, das Herz zu öffnen, das Blut auszuströmen, bloß so, wie es ist, wie es läuft, ohne Hemmung der Gelehrsamkeit, ohne Hemmung des Prinzips.

Und wie merkwürdig. Dieser gute Mensch, der sich nicht einzuschränken brauchte in dem Fluß seiner Gedanken, seiner Einfälle, seiner Formen, der das Spiel um des Spieles willen sich erlauben durfte, gerade er hat wie aus einer Genugtuung gegen die langen Linien zuerst die kurzen zu setzen verstanden, der Erfinder des kleinen lyrischen Gedichtes in Musik, das in wenigen Zeilen, in wenigen Wendungen eine Stimmung umreißt und feststellt. Sind diese Impromptus sein Wesen? Sind sie der Quell seines Schaffens? Sind die großen und langen Stücke nur Zusammensetzungen solcher kleiner und feiner Gedanken? Es wird so sein; wir kommen ihm so näher. Schule und Tradition lagen ihm in der Feder, Bau und Variation lagen im Stil der Zeit. Aber die konzentrierte Lyrik, der stille klare Charakter einer geschlossenen Stimmung, das Landschaftsbild einer Musik, das war sein Genie, seine Neuigkeit, seine Fruchtbar-

Antonio Salieri
Stich nach einem Gemälde von N. Schiavoni

keit und sein Dank gegen die Natur, und alles erklärt sich von da aus, und alle Kreise ziehen sich um diesen Punkt, und alle Wirkungen gehen von dieser Entdeckung ans.

Wir werden alle seine Gattungen durchgehen. Es gibt keine, der er fern stand, aber es gibt einige, denen er besonders nahe stand. Klaviermusik und Lied und jedes Kammerorchester sind sein Bezirk. Ein bißchen Symphonie kommt wohl dazu und ein ganz klein wenig Oper. Aber das geht schon über das eigentliche Wesen hinaus. Seine Kunst ist intim. Wie Beethoven in gleicher Zeit in die große Dimension strebt, aus dem Zentrum hinaus, strebt er in die kleine, in das Zentrum hinein. Auch Bach war intim seiner Veranlagung nach. Aber ich möchte sagen, Bachs Intimität war eine metaphysisch-dienstliche. Und Schuberts war eine private und sich selbst verantwortliche.

Ich werde aus seinem Leben erzählen, was dünn gesät ist an Schicksalen, um diese reiche und üppige Begabung. Alles wird nach innen gehen. Ich werde stille sein und friedlich und ausgeglichen, und ruhen werde ich auf dieser Kunst, die vorbeigeht an allen großen Schauspielen des Lebens und des Theaters und ihr einziges Glück findet in ihrer Beschaulichkeit. War sie damals nicht genug anerkannt, so wurde sie es nun, nachdem sie ein Stück von uns selbst geworden ist. Alle romantischen Ströme der Musik fließen aus diesem Quell. Alles beste deutsche Wesen liegt unverrückbar und unbestreitbar in dieser Landschaft. Der Lärm schweigt, der Streit steht still, die Probleme schlafen – hier drinnen aber blüht ein Neues, Ungeahntes und über alle Maßen herzlich Liebenswertes, die sanfte Liebe zur Musik.

Und er war wirklich eines Lehrers Sohn und ein Lehrer. Am 31. Januar 1797 ist er in Lichtenthal bei Wien geboren, wo sein Vater Unterricht gab. Aber der Vater war dabei sehr musikalisch und seine Brüder waren es auch, und so wuchs er in einem guten Ton auf. Beim Vater lernte er die Geige, beim Bruder Klavier, und dann gab man ihn noch zu Herrn Holzer, dem Chordirektor der Lichtenthaler Pfarrkirche, wo er Theorie und Orgel lernte und seine schöne Sopranstimme ausbildete. Ja, damals war die allgemeine musikalische Durchbildung ebenso gewöhnlich, wie sie heute ungewöhnlich ist. Er lernte leicht und schnell und wußte alles besser als die Lehrer. Dann kam das große Ereignis. Er wurde in die Gilde der Hofsänger aufgenommen, was verbunden war mit dem Besuch des Konviktes und Gymnasiums und auch Gelegenheit gab zur Beteiligung an einem kleinen Orchester, das die Schüler bildeten. Ungefähr als er dreizehn Jahre alt war, erwachte der Kompositionstrieb mit Macht. Natürlich war der Vater zuerst dagegen, wie die meisten Väter von Genies zuerst dagegen sind. Aber der junge Franz ließ sich nicht stören, verschaffte sich, wo es nur ging, Notenpapier, und wenn er keins hatte, rastrierte er irgendeinen weißen Bogen und schrieb und schrieb und schrieb. Der Vater wurde böse. Franz studierte jetzt bei Salieri, nachdem der Musikleiter des Konvikts auf ihn höllisch aufmerksam geworden war. Nun, was konnte der gute Salieri ihm beibringen? Er war ein Hofmann, musikalisch sehr rückständig, noch nicht einmal reif für Mozart und Beethoven und ein Intrigant, sogar manchmal gegen seine eigenen Schüler.

In dieser Zeit, im November 1812, schreibt Franz an seinen Bruder Ferdinand folgende Zeilen: „Gleich heraus damit, was mir am Herzen liegt, und so komme ich eher zu meinem Zwecke, und Du wirst nicht durch liebe Umschweife lang aufgehalten. Schon lange habe ich über meine Lage nachgedacht und gefunden, daß sie im ganzen genommen zwar gut sei, aber noch hie und da verbessert werden könnte; Du weißt aus Erfahrung, daß man doch manchmal eine Semmel und ein paar Äpfel essen möchte um so mehr, wenn man nach einem mittelmäßigen Mittagsmahle nach achteinhalb Stunden erst ein armseliges Nachtmahl erwarten darf. Dieser schon oft sich aufgedrungene Wunsch stellt sich nun immer mehr ein, und ich mußte nolens volens endlich eine Abänderung treffen. Die paar Groschen, die ich vom Herrn Vater bekomme, sind in den ersten Tagen beim T–, was soll ich dann die übrige Zeit tun? ‚Die auf Dich hoffen, werden nicht zuschanden werden. Matthäus, Kap.2, V.4.' So dachte ich. – Was wär's denn auch, wenn Du mir monatlich ein paar Kreuzer zukommen ließest. Du würdest es nicht einmal spüren, indem ich mich in meiner Klause für glücklich hielte und zufrieden sein würde. Wie gesagt, ich stütze mich auf die Worte Apostels Matthäus, der da spricht: ‚Wer zwei Röcke hat, der gebe einen den Armen.' Indessen wünsche ich, daß Du der Stimme Gehör geben mögest, die Dir unaufhörlich zuruft. Deines Dich liebenden, armen, hoffenden und nochmals armen Bruders Franz zu erinnern."

Der Vater besann sich und war wieder gut. Man versicherte ihm, daß Franz etwas Außergewöhnliches bedeute. Es gab sogar Familienquartette zu Hause, die ihm sehr wohltaten. Sein Freund Spaun führte ihn auch in die Oper. Er sah den Sänger Michael Vogl zum erstenmal, der sein Schicksal werden sollte. Glucks Taurische Iphigenie entzückte ihn am meisten. Anna Milder sang sie. Er sitzt mit Spaun und Theodor Körner im Blumenstöckl zusammen und sie begeistern sich alle drei derartig für Gluck, daß sie beinah mit einem Universitätsprofessor in Rauferei gekommen wären, dessen Intelligenz bei Gluck noch nicht angelangt war.

Aber was nun weiter? Es droht die vierzehnjährige Militärdienstzeit. Man wird nur frei davon, wenn man Lehrer ist. Der Vater sagt: Wie wäre es, Franz, wenn du Lehrer würdest wie ich? Franz denkt: dann bin ich vom Konvikt frei, von diesem Gefängnis und kann sicher besser meinen Neigungen leben. Also lernt er Lehrer. Er besteht mit siebzehn Jahren das Examen als angehender Gehilfe. Sein Zeugnis ist erhalten. Er hat in den meisten Fächern gut. Mittelmäßig ist er eigentlich in der Hauptsache, in den Grundsätzen der Unterweisung, auch in der Lateinschrift, ferner in der Religionslehre und in der Rechenkunst. Ganz schlecht ist er in der praktischen Religion. Man unterschied damals theoretische und praktische Kenntnisse, aber nicht Beamte und Menschen. Den Menschen erkannte besser der Dichter Johann Mayrhofer, ein Bücherrevisor, der wider Willen als Zensor tätig war, zehn Jahre älter als Schubert. „Meine Bekanntschaft mit Schubert," erzählt er, „wurde dadurch eingeleitet, daß ihm ein Jugendfreund mein Gedicht ‚Am See' zur Komposition übergab. An des Freundes Hand betrat Schubert das Zimmer, welches wir fünf Jahre später gemeinsam bewohnen sollten. Es war in einer düsteren Gasse. Haus und Gemach haben die Macht der Zeit gefühlt, die Decke ziemlich gesenkt, das Licht von einem großen gegenüberstehenden Gebäude beeinträchtigt, ein überspieltes Klavier, eine schmale Bücherstelle – so war der Raum, welcher mit den darin zugebrachten Stunden meiner Erinnerung nicht entschwinden wird." Er lebte in Schuberts Liedern und trug sie als Besitz durch seine Tage. Es bildet sich das Glück des Freundeskreises.

Schuberts Leben ist in manchen Büchern beschrieben worden, am ausführlichsten in der Biographie von Walter Dahms, die 1912 erschienen ist und schon aus dem Grunde alle früheren Arbeiten verschlungen hat, weil sie sich auf das große authentische Material stützen konnte, das Aloys Fellner in Wien mit einem rührenden Fleiß gesammelt hatte. Neue Tatsachen kann ich nicht erfinden. Die alten danke ich wesentlich diesem Buche. Auch an der Einstellung kann sich nicht viel ändern. Alles ist so durchsichtig, wie es schön ist. Es ist die ewig wiederholte Liebe zu diesem guten Mann, an der ich glücklich bin teilhaben zu dürfen.

Im Jahre 1814 wird Franz Abc-Lehrer. Wie es ihm behagte, kann man sich denken. Aber statt den bunten Rock anziehen zu müssen, konnte er mit seinen Freunden manchmal ein gutes Tröpfchen trinken und so viel Noten schreiben, als ihm nur einfiel. Er bekam das stattliche Gehalt von vierzig Gulden im Jahre. Jedoch er schrieb den ‚Erlkönig'.

Spaun erzählt darüber in seinen Memoiren: „An einem Nachmittag ging ich mit Mayrhofer zu Schubert, der damals bei seinem Vater am Himmelpfortgrunde wohnte. Wir fanden Schubert ganz glühend, den ‚Erlkönig' aus einem Buch laut lesend. Er ging mehrmals mit dem Buche auf und ab, plötzlich setzte er sich und in kürzester Zeit stand die herrliche Ballade auf dem Papier. Wir liefen damit, da Schubert kein Klavier besaß, in das Konvikt, und dort wurde der ‚Erlkönig' noch denselben Abend gesungen und mit Begeisterung aufgenommen. Der alte Hoforganist Ruzicka spielte ihn dann selbst ohne Gesang in allen Teilen aufmerksam und mit Teilnahme durch und war tiefbewegt über die Komposition. Als einige eine mehrmals wiederkehrende Dissonanz ausstellen wollten, erklärte Ruzicka, sie auf dem Klavier anklingend, wie sie hier notwendig dem Text entspreche, wie sie vielmehr schön sei und wie glücklich sie sich löse." Man weiß ja nie recht mit Memoiren, ob das alles so stimmt. Aber auch wenn der ‚Erlkönig' in Schuberts Kopf schon früher so fertig war, als wie es hier scheint, er bedeutet den ersten großen Schritt auf die Höhe der Kunst. Er bedeutet die Wendung zur endgültigen Herrschaft, die Aufnahme in die Weltgemeinde, das Zeugnis der Meisterschaft, viel besser als das Zeugnis der Lehrerschaft. Wir sind Ende 1815.

Anselm Hüttenbrenner tritt in den Freundeskreis. Er lernt ihn bei Salieri kennen. Franz war zuerst mißtrauisch gegen ihn. Er dachte, es sei eine oberflächliche Bekanntschaft. Dann staunte er, wie der Freund in seinen Werken dieselben Stellen hervorhob, die auch er für die gelungensten hielt. Sie verstanden sich und schlossen sich eng aneinander. Bei Mozatti sangen sie beide mit diesem und mit

Aßmayer jeden Donnerstag selbstgefertigtes Männerquartett. Schubert schrieb es unter Umständen sofort aus dem Kopfe hin. Welch spießige Blüte alter intimer Musik!

Nach der weiblichen Seite sind die Erfolge geringer. Therese Grob hieß sie. Sie hatte das Sopransolo in seiner ersten Messe gesungen. Blatternarben waren ihr Schmuck. Sie liebte seine Musik über alles. Er kam zu ihren Eltern. Er schrieb einige Stücke für sie und ihren Bruder. Schubert sagte zu Hüttenbrenner auf einem Spaziergang: „Hübsch ist sie nicht, aber gut ist sie, herzensgut." Sie hätte ihn genommen, wenn er irgendeine Stellung gefunden hätte. Aber er fand keine. Er bewarb sich mehrfach, doch es wurde nichts. Die gute Therese wollte nicht länger warten und heiratete einen Bäcker. Schubert schrieb in sein Tagebuch: „Ein schreckender Gedanke ist dem freyen Manne in dieser Zeit die Ehe; er vertauschet sie entweder mit Trübsinn oder grober Sinnlichkeit." Und dann hat er sich um die Frauen nicht mehr ernstlich gekümmert.

Schwer geht es vorwärts. Ein Liebhaberorchester tröstet ihn, ein paar Musikstunden fristen ihm das Leben. Wären die Freunde nicht gewesen, er wäre untergegangen. Die Freunde versuchen es zuerst mit einem Appell an Goethe. Da er selbst viel zu schüchtern ist, sich an den Gott in Weimar zu wenden, lassen ihn die Freunde seine besten Goethelieder säuberlich abschreiben, Spaun packt sie ein und verfertigt zu der Sendung folgendes Schreiben: „Die im gegenwärtigen Hefte enthaltenen Dichtungen sind von einem neunzehnjährigen Tonkünstler, namens Franz Schubert, dem die Natur die entschiedensten Anlagen zur Tonkunst von zartester Kindheit an verlieh, welche Salieri, der Nestor unter den Tonsetzern, mit der uneigennützigsten Liebe zur Kunst zur schönen Reife brachte, in Musik gesetzt. Der allgemeine Beifall, welcher dem jungen Künstler sowohl über gegenwärtige Lieder als seine übrigen bereits zahlreichen Kompositionen von strengen Richtern in der Kunst sowie von Nichtkennern, von Männern sowie von Frauen, zu Teil wird, und der allgemeine Wunsch seiner Freunde bewegen endlich den bescheidnen Jüngling, seine musikalische Laufbahn durch Herausgabe eines Teiles seiner Compositionen zu eröffnen. Diese Sammlung nun wünscht der Künstler Euer Exzellenz in Unterthänigkeit weihen zu dürfen, dessen so herrlichen Dichtungen er nicht allein die Entstehung eines großen Teils derselben, sondern wesentlich auch seine Ausbildung zum deutschen Sänger verdankt. Selbst zu bescheiden jedoch, seine Werke der großen Ehre wertzuhalten, einen, so weit deutsche Zungen reichen, so hoch gefeierten Namen an der Stirne zu tragen, hat er nicht den Mut, Euer Exzellenz selbst um diese große Gunst zu bitten, und ich, einer seiner Freunde, durchdrungen ..." Ich kann nicht weiter in dieser triefenden Schmeichelei, die gut gemeint war, aber gänzlich fehl am Ort. Die Exzellenz antwortete überhaupt nicht. 1822 besuchte Max Löwenthal Goethe und sprach mit ihm von Schubert. Goethe wußte gar nichts von ihm. Viel später noch sang einmal die Schröder-Devrient vor Goethe den Erlkönig. Er glaubte das Lied früher einmal gehört zu haben, wo es ihm gar nicht zusagen wollte. „So vorgetragen, gestaltet sich das Ganze zu einem sichtbaren Bild."

Der zweite Versuch war bei den Verlegern. Spaun schrieb an Breitkopf und Härtel und schickte den Erlkönig als Probe ein. Der Verlag vermutete eine Mystifikation unter Mißbrauch des Namens eines Dresdner Komponisten Franz Schubert. Er sandte an diesen den Erlkönig und bat um Bescheid. Der andere Franz antwortete: „Ich habe die Cantate ‚Erlkönig' niemals komponiert, werde aber zu erfahren suchen, wer dergleichen Machwerk übersendet hat, um auch den Padron zu entdecken, der meinen Namen so gemißbraucht." Der richtige Schubert aber erhielt gar keine Antwort.

Das Heil kam von einem Sänger. Es muß ausdrücklich immer wiederholt werden: nicht vom großen Dichter, nicht vom großen Verleger, sondern wirklich einmal vom großen Sänger. Vogl war ungemein berühmt und galt als schwer zugänglich. Diesmal machte Freund Schober die Sache. Er ließ sich Vogl empfehlen und schwärmte ihm von Schubert vor. Vogl schüttelte den Kopf: er habe genug von der ewigen Musik, die jungen Leute würden immer wieder empfohlen, aber es komme gar nichts dabei heraus. Schubert sagte: „Ich habe nichts anderes erwartet." Aber der Freund ließ nicht los, und endlich kam eines Abends Vogl zu ihm, um zu sehen, „was daran sei". Spaun erzählt das alles. Vogl sehr würdevoll. Schubert klein und unansehnlich, er macht einen linkischen Kratzfuß, stammelt etwas über die Ehre der Bekanntschaft, Vogl rümpft die Nase. Vogl sagt endlich: „Nun, was haben Sie denn da, begleiten Sie mich." Es war das Mayrhofersche Augenlied. Vogl summt es und sagt etwas kalt: „Nicht übel." Er brummt noch einige Lieder und sagt beim Weggehen zu Schubert: „Es steckt etwas in Ihnen. Aber Sie sind zu wenig Komödiant, zu wenig Scharlatan. Sie verschwenden ihre schönen Gedanken, ohne sie breitzuschlagen." In Wirklichkeit ging die Sache Herrn Vogl im Kopfe herum. Er gewann die Lieder immer mehr lieb. Unaufgefordert kam er wieder, lud Schubert zu sich ein und studierte mit ihm; er geriet allmählich in einen Rausch der Begeisterung, daß er sein Prophet wurde. Eine stille Schöpfung war endlich an das Tageslicht gekommen. Schubert schreibt in einem Brief: „Die Art und Weise, wie Vogl singt und ich begleite, wie wir in einem solchen Augenblick Eins zu sein scheinen, ist diesen Leuten etwas ganz Neues, Unerhörtes."

Schloß Zeliz (Zeleśz) mit seinen Schuberterinnerungen
Nach einem Aquarell von Seligmann, Städt. Sammlung, Wien

Ende 1817 nimmt Schubert Urlaub von seiner Lehrerstelle. Die Gefahr des Militärdienstes ist vorüber, er will einmal sehen, wie es mit der Musik allein geht. Und wirklich, im nächsten Jahre wird er das erstemal öffentlich aufgeführt. Der Geiger Jaell veranstaltet im ‚Römischen Kaiser' ein Konzert, in dem eine der Schubertschen

Ouvertüren gespielt wirb. Befriedigt lesen wir in einer Kritik der Wiener Theaterzeitung, daß Schubert mit der Fülle der überraschendsten und angenehmsten Gedanken alle Herzen gerührt und erschüttert hat. Und befriedigt lesen wir auch in den Biographien, daß im selben Jahre Doktor Sartori, ein Vorgesetzter von Mayrhofer, ein Lied von Schubert zum erstenmal druckte, als Beilage zu dem ‚Malerischen Taschenbuch für Freunde interessanter Gegenden, Natur- und Kunstmerkwürdigkeiten der österreichischen Monarchie'. Das Lied hieß nämlich Erlassee und das Gedicht war von Mayrhofer. Noch ein dritter Stern zeigte sich. Schubert wurde als Klavierlehrer für die beiden Töchter des Grafen Esterhazy empfohlen. Im Winter wohnten sie in Wien, im Sommer auf dem ungarischen Gut Zelesz. Er bekam zwei Gulden für die Stunde. Im Sommer ging er mit nach Ungarn und horchte auf Melodien der Zigeuner. Er schrieb an seinen Bruder Ferdinand: „Dir geht es nicht gut, ich wollt, ich könnte mit Dir tauschen, so wärst Du einmal froh ... so wohl es mir geht, so gesund als ich bin, so gute Menschen als es hier gibt, so freue ich mich doch unendlich wieder auf den Augenblick, wo es heißen wird: nach Wien, nach Wien! Ja, geliebtes Wien, Du schließest das Teuerste, das Liebste in Deinem engen Raum, und nur Wiedersehen kann dieses Sehnen stillen." Allmählich zeigten sich die Schatten. Er wird doch als Gesinde behandelt und außerhalb der Gesellschaft gestellt. Für das Wahre der Kunst hat vielleicht nur die Gräfin Interesse. Er wohnt im Inspektorat. Vierzig Gänse schnattern derart, daß man sein eigenes Wort nicht hören kann. Auch der Inspektor ist höchst musikalisch und spielt zwei Tänze auf der Laute. Mit seinem Sohn will er sich anfreunden. Am liebsten ist ihm der Chirurg, ein heiterer Greis von fünfundsiebzig Jahren. Über den Koch, die Kammerjungfer, das Stubenmädchen, die Kindsfrau, den Beschließer und zwei Stallmeister gibt er Auskunft in seinen Briefen, da diese Leute sein täglicher Umgang sind. Wie leidet er unter der Bigotterie! Er sagt: „Bigottisch, wie ein altes Mistvieh, dumm, wie ein Erzesel und roh, wie ein Büffel. Man wirft hier auf der Kanzel mit Ludern, Kanaillen usw. herum, daß es eine Freude ist. Man bringt einen Totenschädel auf die Kanzel und sagt: da seht hier, ihr guckerscheckigen Gfrieser, so werdet ihr einmal aussehen."

Er kommt nach Wien zurück und gibt bei Esterhazys vorläufig nur noch im Winter Unterricht. Schule, nein, das gibt es nicht mehr. Nie mehr wird es das geben. Der Vater wird wieder sehr böse. Das Bohemeleben blüht. Bald wohnt er mit Schober zusammen, bald mit Mayrhofer. Moritz von Schwind, heiter, freundlich, erzählend, romantisch, wie Schubert selbst, tritt in den Freundeskreis. Wenn man unter Tage zu ihm kam, erzählt er, sagte Schubert nur: „Grüß dich Gott, wie geht's", und schrieb weiter, worauf man sich wieder entfernte. Abends traf man sich in der ‚Ungarischen Krone' und genoß die Arbeit des Tages. Die Manuskripte liegen herum, niemand kümmert sich. Schubert singt den Freunden vor, sie nehmen die Hefte mit und bringen sie nie wieder. Joseph Hüttenbrenner, der Bruder von Anselm, ein gefälliger Diener von Schuberts Genius, sammelt die Lieder und bewahrt sie in einer Schublade wohlgeordnet auf. Aber dann ging die Wirtschaft wieder los, Schubert meint, es sei nicht so schlimm, da ihm ja nur wenige Lieder wirklich gefielen.

Selten lockt es ihn zur Erholung aus Wien heraus. Diesen Sommer macht er seine erste Reise mit Vogl, der ihn mitnimmt. Sie plätschern in Oberösterreich herum. Das Forellenquintett wird geschrieben. Der gute, bescheidene Schubert. Als ihn jemand um eine Komposition bittet, schreibt er: „Da ich fürs ganze Orchester nichts besitze, welches ich mit ruhigem Gewissen in die Welt hinausschicken könnte, und so viele Stücke von großen Meistern vorhanden sind, zum Beispiel von Beethoven Ouvertüre aus Prometheus, Coriolan, Egmont usw., so muß ich Sie recht herzlich um Verzeihung bitten, Ihnen bei dieser Gelegenheit nicht dienen zu können, indem es mir nachteilig sein müßte, mit etwas Mittelmäßigem aufzutreten."

Aber mit der Musik zu einer Posse versuchte er es. Vogl empfahl seine ‚Zwillingsbrüder' an das Theater nächst dem Kärntnertore und sang selbst die Hauptrolle. Anselm Hüttenbrenner berichtet von großem Erfolge. Schubert sei stürmisch gerufen worden, aber nicht erschienen, weil er einen zu schlechten Rock hatte. Anselm zieht seinen Frack aus und bietet ihn Schubert an. Aber es nützt nichts, er will nicht. Der Regisseur tritt hervor und meldet, Schubert sei nicht anwesend. Schubert hört das selbst lächelnd an. Und noch im selben Jahr kommt er im Theater an der Wien mit seinem zweiten Werk heraus, das hieß ‚Die Zauberharfe'. Er sollte fünfhundert Gulden Honorar erhalten, aber der Unternehmer machte Bankrott.

Leopold Sonnleithner wird sein Engel. Er führt ihn bei Fröhlichs ein; vier Töchter, Katharina, Anna, Barbara und Josepha machen das Haus. Sonnleithner, der Vetter von Grillparzer, hatte ihnen Lieder gebracht von einem jungen Menschen, die gut sein sollten. Kathi setzt sich hin und versucht sie. Ein Beamter, Sänger nebenbei, ruft: „Das ist etwas ganz Außergewöhnliches, lassen Sie doch sehen." Er singt die Lieder, und Schubert kommt sehr bald selbst hinterher. Das war ein musikalisches Haus. Kathi war die Liebe Grillparzers, der über sie sagte: sie betrinkt sich in Musik. Wie entzückend muß es dort gewesen sein. Wir haben noch die Bilder der Schwestern. Sie machen ihrem Namen alle Ehre. Von Schubert sagte Kathi: „Er war ein herrliches Gemüt, niemals neidisch oder mißgünstig, und wenn er etwas Schönes in Musik hörte, legte er die Hände aneinander und gegen den Mund und saß ganz verzückt da." Wenn er etwas Neues komponiert hatte, kam er zu den Mädchen, setzte sich aufs Sofa und erzählte vergnügt: „Heute habe ich etwas gemacht, das, glaube ich, ist mir wirklich gelungen." Immer muß man diese Wiener Luft um sich fühlen, diese Freundlichkeit und Heiterkeit, die auf dem Boden eines barock registrierten Beamtentums um so bunter emporblüht, um Schubert ganz zu verstehen. Nicht aus der großen Welt in die enge Stadt kommen die Eingebungen, sondern aus einem stillen Herzen, aus einem geschlossenen Gefühl steigen sie scheu und leise herauf, um erst ganz langsam die Welt an sich zu gewöhnen, sie zu entzücken, sich ihr hinzugeben und den großen Stil der Weltseele zu beeinflussen.

Wir sind 1821. Der Freundeskreis lockert sich. Schubert trennt sich von Mayrhofer. Sie müssen sich gehörig gezankt haben. Mayrhofer war auch recht unverträglich und sehr überhitzt. Es ging dann schnell bergab mit ihm. Er soll den Tod erst in der Donau versucht haben, dann stürzte er sich aus seinem Amtszimmer zum Fenster herunter und war erlöst. Das war 1836. Bauernfeld bemerkt: „Ein Opfer des Österreichertums." Hüttenbrenner und Spaun ziehen fort. Das bedeutet für Schubert mehr, als es heute so klingt, wenn man es erzählt. Er lebte ja nur in diesem Austausch. Dafür treten Kupelwieser und Schwind, die armen Maler, ihm immer näher. Es gibt einige öffentliche Aufführungen. Der ‚Erlkönig' wird von Vogl im Opernhauskonzert mit durchschlagendem Erfolg gesungen. Auch das Dörfchen und der Gesang der Geister über dem Wasser werden gemacht. Der ‚Erlkönig' mußte wiederholt werden. Hüttenbrenner begleitete, und Schubert, der ebensogut hätte begleiten können, blätterte die Noten um. Sehr viel solche Aufführungen gab es nicht. Bald hörten sie ganz auf. Leopold Sonnleithner hatte ihm das in der Oper besorgt. Sein Onkel Joseph hatte die ‚Gesellschaft der adligen Frauen zur Beförderung des Guten und Nützlichen', die das Konzert veranstaltete, mitbegründet. Der Bruder von Joseph, Ignaz, Hofagent, Notar, Schriftsteller, Professor des Wechselrechtes und ausgezeichneter Bassist, besaß eine wunderbare Wohnung am Bauernmarkt, wo er hundertzwanzig Personen unterbringen konnte. Freitag abend gab es immer ein Konzert, und es war so voll, daß man schließlich Eintrittskarten ausgeben mußte. Leopold, der Sohn von Ignaz, war der erste richtige Schubertfanatiker. Er legte sich eine Sammlung von Abschriften seiner Lieder an. Von 1819 an kam Schubert in das Haus und fand alle Unterstützung. Leopold hatte eine glänzende Idee. Die Verleger hatten die Schubertschen Lieder immer abgelehnt, weil sie in den Begleitungen zu schwierig seien und man den Komponisten zu wenig kenne. Jetzt wollte man es umgekehrt machen. Vater Ignaz sollte mit einem kleinen Konsortium die Druckkosten für das erste Heft vorschießen. Ein Verleger sollte die Kommission übernehmen und von dem Gewinn sollte das zweite Heft gedruckt werden, und so immer weiter. Es gelang. Man widmete die Hefte Hochstehenden Persönlichkeiten, und sie quittierten mit einem Honorar. Bei jedem Heft wurde eine neue Reklame ausgegeben, die immer wieder Lust zum Kauf machte: durch die so häufige Nachfrage finde sich die Verlagshandlung veranlaßt, den Freunden des deutschen Liedes auch diese zwei Hefte vorzulegen. Schon die Wahl der Gedichte beweise das sinnige Gemüt des

Tonsetzers, aber die Art, mit welcher er dichterische Meisterwerke auffaßt und musikalisch wiedergibt, verbürge das ausgezeichnete Genie des jungen Künstlers. Ein Heft wurde einmal dem Dichter Ladislaus Pyrker, dem Patriarchen von Venedig, gewidmet. Er antwortete: „Hochzuverehrender Herr. Ihren gütigen Antrag, mir das vierte Heft Ihrer unvergleichlichen Lieder zu dedizieren, nehme ich mit desto größerem Vergnügen an, als es mir nun öfters jenen Abend in das Gedächtnis zurückrufen wird, wo ich durch die Tiefe Ihres Gemütes – insbesondere auch in den Tönen Ihres ‚Wanderers' ausgesprochen – so sehr ergriffen ward! Ich bin stolz darauf, mit Ihnen ein und demselben Vaterlande anzugehören und verharre mit größter Hochachtung Ihr ergebenster L. Pyrker, Patriarch." Und der Vater war wieder gut.

Er versucht allerlei. Er arbeitet mit Schober eine Oper ‚Alfonso und Estrella'. Es werden ihm Hoffnungen in Wien gemacht. Auch Dresden, wo sich Weber interessiert, wird genannt. Aber natürlich ist es nichts. Dies Werk wurde erst von Liszt 1854 in Weimar aufgeführt. Heut ist es ganz tot. Josef Hüttenbrenner zerreißt sich für ihn in Geschäften. Alles umsonst. Was ist von ihm aus dieser Zeit zu erzählen? Er schrieb die H-Moll-Symphonie, die er so wenig wie irgendeine andere Symphonie von sich gehört hat, und er schrieb die ‚Wanderer-Phantasie' für Klavier, die ihm selbst zu spielen etwas schwer wurde. Er versucht eine Annäherung an Beethoven. Die acht Variationen zu vier Händen über ein französisches Lied, die als op. 10 gedruckt waren, widmet er „als Verehrer und Bewunderer" dem großen Manne. Er nimmt ein Heft in die Hand und geht zu ihm hin. Welcher Entschluß muß das gewesen sein. Aber er hat sich nicht anmelden lassen, der Meister ist nicht da, und nun läßt er das Heft bei einem dienstbaren Geist zurück. Es ist sicher, daß Beethoven die Variationen sehr gut fand und mit seinem Neffen Karl oft gespielt hat. Aber das ging alles ins Leere.

Josef Hüttenbrenner hatte sich auch an den Verleger Peters gewendet. Man wollte doch einmal sehen, ob nicht auch außerhalb Interesse für Schubert vorhanden sei. Die Antwort von Peters ist erhalten. Weitschweifig erklärt er, daß er mit Spohr, Romberg, Hummel so viel zu tun habe, daß ihm für junge Autoren wenig Zeit bleibe. Immerhin hatte Schubert von seinen Wiener Verlegern eine recht anständige Einnahme gehabt. Im ganzen waren es bisher zweitausend Gulden gewesen, wozu der ‚Erlkönig' das meiste beigesteuert hatte. Der Plan von Sonnleithner, der so klug durchdacht war, verlief also eigentlich sehr günstig. Aber man hatte nicht mit Schuberts eigener geschäftlicher Unkenntnis gerechnet. Eines Tages sagte ihm der Verleger: „Wozu wollen Sie immer weiter mit den unsicheren Einnahmen zählen? Verkaufen Sie mir die Platten und das Eigentumsrecht im ganzen für 300 Gulden, dann wissen Sie, was Sie haben." Und tatsächlich ging Schubert darauf ein. Er gefährdete damit seine Existenz tödlich. Wie war ihm zu helfen? So viel Freunde hatte er und fragt nicht einen. Er hätte erträglich leben können. Er hätte Honorare fordern können nach seinem Bemessen. Jetzt war alles vorbei.

Dazu wird er kränklich. Er verliert die Haare. Die Ärzte mögen darüber entscheiden, welches der Grund seiner Krankheit und seines frühen Todes war. Ein bißchen locker gelebt hat er manchmal. Und wer weiß, was da geschehen ist. Aber ich will das gar nicht erfahren, was nützt es noch? Die Opernmißerfolge bleiben ihm treu. Auch das Pech mit den Freunden bleibt ihm treu. Schober wird sogar Schauspieler. Manches zerreißt. Unser guter Musiker Schubert kritzelt manchmal für sich zu Hause auch etwas anderes als Noten. Er schreibt Gedichte. Im typischen Zeitgeschmack. Er schreibt eine Art Parabel seines Lebens ‚Mein Traum', barock und schwülstig. Er schreibt auch ein Tagebuch. Im März 1824 findet sich darin die Stelle: „Keiner, der den Schmerz des anderen, und keiner, der die Freude des anderen versteht! Man glaubt immer zueinander zu gehen und man geht nur nebeneinander, O Qual für den, der dies erkennt! – Meine Erzeugnisse in der Musik sind durch den Verstand und durch meinen Schmerz vorhanden; jene, welche der Schmerz allein erzeugt hat, scheinen die Welt am meisten zu erfreuen." Kurz darauf schreibt er ebenda: „O Phantasie! Du höchstes Kleinod des Menschen. Du unerschöpflicher Quell, aus dem sowohl Künstler als Gelehrte trinken! O bleibe noch bei uns, wenn auch von wenigen nur anerkannt und verehrt, um uns vor jener sogenannten Aufklärung, jenem häßlichen Gerippe ohne Fleisch und

Blut zu bewahren!" Trübe ist dieser März 1824. Er schreibt an Kupelwieser in Rom: „Ich kann endlich wieder einmal jemand meine Seele ausschütten. Du bist ja so gut und bieder; Du wirst mir gewiß manches verzeihen, was mir andere sehr übelnehmen würden. Mit einem Wort: ich fühle mich als den unglücklichsten, elendsten Menschen auf der Welt. Denke Dir einen

Menschen, dessen Gesundheit nie mehr richtig werden will, und der aus Verzweiflung darüber die Sache immer schlechter als besser macht; denke Dir einen Menschen, sage ich, dessen glänzendste Hoffnungen zu nichts geworden sind, dem das Glück der Liebe und Freundschaft nichts bietet als höchstens Schmerz, dem Begeisterung (wenigstens anregende) für das Schöne zu schwinden droht, und frage Dich, ob das nicht ein elender, unglücklicher Mensch ist? Meine Ruh' ist hin, mein Herz ist schwer, ich finde sie nimmer und nimmer mehr, so kann ich jetzt wohl alle Tage sagen, denn jede Nacht, wenn ich schlafen geh, hoffe ich nicht mehr zu erwachen, und jeder Morgen kündet mir neu den gestrigen Gram. So freude- und freundelos verbringe ich meine Tage, wenn nicht manchmal Schwind mich besuchte und mir einen Strahl jener vergangnen süßen Tage zuwendete ..."

Es ist die Epoche der Müllerlieder. Er widmet sie dem ausgezeichneten Tenoristen Karl von Schönstein, den er im Hause von Esterhazy kennengelernt und als einen neuen Propheten gewonnen hatte, frischer, inniger und naiver als Vogl. Mit Schönstein geht er wieder einmal den Sommer über nach Zelesz. Die junge Gräfin Karoline tritt ihm näher, aber das bleibt alles auf der Oberfläche. Die Stimmung verbessert sich nicht. „Was sollten wir," schreibt er „auch mit dem Glück anfangen, da Unglück noch der einzige Reiz ist, der uns übrig bleibt." Jeder der Freunde sitzt in einem anderen Winkel. Wie sehnt er sich nach der Zeit zurück, da sie traulich beieinander waren und jeder seine Kunstkinder dem anderen mit mütterlicher Scheu aufdeckte. Fühlen wir aus dem A-Moll-Quartett diese Sehnsucht? Er schrieb viel Vierhändiges in Zelesz. Das Vierhändige ist Schuberts Ausdruck zugleich der Intimität und der Gesellschaft und wurde eigenste Kunst bei ihm.

Er lebt mit Bauernfeld in einer Art Gütergemeinschaft. Lanner tritt ihm näher: man denkt an die Walzergemeinschaft. Franz Lachner kommt hinzu, der eine Organistenstelle an der evangelischen Kirche bekommen hat. Solange sie da zusammen saßen, Schwind und Schubert und Lachner, muß es Lebenselement gewesen sein. Aber es zu erzählen, immer wieder zu erzählen – ist das nicht so gleichgültig? Lachner begegnet einmal Schubert und Lanner. Lanner kennt Lachner nicht persönlich. Schubert stellt ihn vor: „Ja, ja, alle die Franzl haben noch was im Köpfchen." Die Philologen mögen streiten, ob er dabei Kopferl oder Köpferl gesagt hat. Es ist keine Biographie, so etwas zu schreiben, es gibt überhaupt keine Biographie von Schubert, weil das Erlebte so wenig äußeres Schicksal wird. Nun gut, die Milder schrieb an ihn, ob er ihr eine Oper für Berlin geben könne. Er packte ‚Alfonso und Estrella' wieder einmal ein. Nach drei Monaten bekam er es zurück. Sie schrieb ihm: „Sollte ich die Freude haben, in einer Ihrer Opern darstellen zu können, so müßte es wohl für meine Eigenart berechnet sein, zum Beispiel die Rolle einer Königin, Mutter oder Bäuerin. Ich würde daher raten, etwas Neues zu machen und zwar eine morgenländische Handlung, wo der Sopran die Hauptperson ist. Dies müßte Ihnen ganz vorzüglich geraten, so wie ich aus Goethes ‚Divan' (Suleika) ersehe. Auf drei Personen und Chor können sie für hier der guten Aufführung gewiß sein. Nämlich ein Sopran, ein Tenor und ein Baß. Sollten Sie einen solchen Stoff finden, so ersuche ich Sie, ihn mir mitzuteilen, um uns näher zu verständigen. Alsdann würde ich alles anwenden, daß wir die Sache auf die Bühne bringen." Schubert ließ es sich nicht zweimal sagen, er machte es gar nicht.

So die Reisen müssen ganz nett gewesen sein. Gewöhnlich nimmt ihn Vogl mit. Auch einmal nach Gastein, wohin Vogt wegen seiner Gicht ging. In Gastein schrieb Schubert eine Symphonie, die dann in Wien verbummelt wurde und bis heute nicht gefunden ist. Man treibt sich bei Gastfreunden umher, musiziert hier und da und schreibt reizende Briefe über Salzburg. Die Klaviersonaten bezeichnen die Epoche seines Schaffens. Honorare – etwas besser. Hoforganist – abgelehnt. Das heißt, er lehnte ab. Lieber unabhängig sein. „Mich müßte der Staat erhalten," sagte er, „damit ich frei und sorglos komponieren kann." Vielleicht wollte er auch nicht üben und Examen machen. Was soll ihm das alles?

Mit Goethe versucht er es noch einmal. Er widmet ihm einige Lieder und schickt sie ihm: „Euer Exzellenz! Wenn es mir gelingen sollte, durch die Widmung dieser Kompositionen Ihrer Gedichte meine unbegrenzte Verehrung gegen Euer Exzellenz an den Tag legen zu können, und vielleicht einige Beachtung für meine Unbedeutendheit zu gewinnen, so würde ich den günstigen Erfolg dieses Wunsches als das schönste Ereignis meines Lebens preisen. Mit größter Hochachtung Ihr ergebenster Diener Franz Schubert." Goethe trug ein: Sendung von Schubart aus Wien von meinen Lieder-Kompositionen.

Nein, es ist schrecklich, ich war dem guten Walter Dahms so treu, und hier an dieser Stelle schreibt er, daß Mendelssohn an demselben Tage an Goethe seine drei Klavierquartette schickte und wie sehr Schubert gegen Mendelssohn zurückstand – ihn, Franz Schubert, hinderte die Scham des deutschen Schaffenden, der nicht gern viel Redens macht, aber der Sohn des Berliner Bankiers Abraham Mendelssohn schlug ihn aus dem Feld. Wie kann man so etwas sagen. Man soll Goethe in diesem Falle nicht in Schutz nehmen. Im Gegenteil, man müßte ihn dafür zur Rede stellen, ohne Nebenbemerkungen. Das heißt: der Autor hätte die Gelegenheit nicht benutzen sollen, den Vater Abraham auf diese Weise heranzuziehen. Wie häßlich das ist. Nein, ich kann das nicht, immer diese Bücher lesen, die über ein so feines Wesen wie Schubert sich so herbreiten. Es ist alles so geringfügig gegen Schubert selbst. Max Friedländer, der sogenannte Schubert-Friedländer, hat gar nicht so viel über ihn geschrieben, als daß er ihn in seiner großen Sammlung feiert und liebt. Ja, das verstehe ich. Originale von ihm in der Hand haben und immer wieder lesen und den Spiegel eines Wesens darin erkennen, daran könnte ich mich entzünden, wenn ich mich mit ihm beschäftige. Dann steigt die Phantasie auf. Dann brauche ich nicht die Literatur zu wälzen, die sich über ihn gehäuft hat. Ich will ja eigentlich auch gar kein Buch über ihn schreiben. Wenigstens nicht wie ein Musikgelehrter oder ein gründlicher Biograph. Durch Dornenwälder des Lebens, durch Rosengärten der Kunst bin ich gehoben in eine leichte feine Luft, in der ich mit seiner Seele verkehre. Hat er wirklich gelebt? Beweisen es alle diese Bücher mehr, als ein Walzer, den ich von seiner Hand sehe? Die Philologen sagen: wir beweisen ja sein Leben. Aber was ist damit bewiesen? Ich könnte mir ein Leben von ihm phantasieren, mit Karoline von Esterhazy, auf ungarischen Schlössern, in Wiener Palästen, durch Wälder und Fluren, in Glanz und Wonne, siebzig Jahre lang, und es wäre auch noch so. Ich bin zu unphilologisch. Ich erschrecke mich vor den Büchern, die ich zu lesen habe, um aus ihnen mir seine Biographie zu borgen. Und wie lange hat es gedauert, bis sein Mythos aus der göttlichen Sphäre herabstieg und irdische Bibliothek wurde. Kreißle von Hellborn hat erst in den sechziger Jahren versucht, aus seinem Leben etwas zusammenzustellen. Über die H-Moll-Symphonie hat er von den Hüttenbrenners immer noch nichts Ordentliches erfahren können. Sie ist ja erst am 1. Mai 1865 von Herbeck gefunden und im Dezember aufgeführt worden. Anselm hatte sich einen vierhändigen Klavierauszug davon gemacht und hütete ihn als Geheimnis. Niemand sonst wußte davon als sein Bruder Joseph. Und dann kam erst die große Gesamtausgabe, in der der Verlag Breitkopf und Härtel alles sühnte, was er an Schubert verbrochen hatte. Und vieles tauchte zum erstenmal auf, und Mandyczewski schrieb die sorgsamen Revisionsberichte, und manches andere blieb verschollen noch bis heute. Ist das nicht mythisch, daß so ein Künstler achtlos ein paar Jahrzehnte über die Erde wandelt und Werke ausstreut, hierhin, dorthin, die seine Priester erst langsam und oft vergeblich wieder zusammensuchen müssen? Ist dieses Leben, das kaum gelebt worden ist und nur wie im Echo der Zeitgenossen uns noch bekannt wird, nicht viel zu wunderbar, als daß es aushielte, in eine Biographie gespannt zu werden? Sehe ich alle diese Bücher, dann die Schrift von Heuberger, dem auch einiges Unbekannte noch zuflog, das kleine liebevolle Buch von Klatte, die immer noch nicht einmal vollständige Dokumentensammlung von Otto Erich Deutsch, die zahllosen Aufsätze in Deutschland, Frankreich, England, und dies ganze in Buchstaben niedergeschlagene Weltgefühl für diesen armen einsamen Musiker aus Wien, so steigt mir die Liebe zu seinem himmlischen Werke weit über alle Schrift empor, und ich kann sie nicht mehr lesen und will sie nicht lesen, aufgebracht durch diese eine Stelle bei Dahms, und sage die Wahrheit, daß ich vieles davon nicht kannte und nicht wußte, als ich diese Zeilen anfing, und daß ich erschrocken war, zu merken, wieviel über diesen lebendigunlebendigen Geist schon geschrieben und gedruckt wurde, und daß ich aus der Not des Materiales in einem heiligen Entschluß mir sein Wesen und mein Wesen rettete, unbekümmert, ob diese Briefe so oder so lauten, ob die Chronologie falsch oder richtig ist, ob die Gedanken der anderen hierhin oder dorthin laufen – ich kann es nicht mehr, ich kann nur die Seele seiner Musik mir reproduzieren, zeitlos, raumlos, so wie gerade er es verlangt und verdient, der die Erde überwand, als er in sie eingebettet wurde.

Es mag sein, daß jemand dieses Buch liest und nicht bloß auf die Bilder durchblättert. Dann wird ihn diese wunde Stelle entweder sehr reizen oder sehr sympathisch berühren. Reizt sie ihn unangenehm, so möge er mir verzeihen, daß ich versuche, auf einem anderen Wege als dem bibliographischen diesem Wesen beizukommen. Es gelingt immer noch nicht ganz, denn wir sind verdorben. Aber es wird niemals besser gelingen als bei diesem Stoff. Und ist dem Leser angenehm, was ich sage, und nickt er mir Verständnis zu, so befreie ich ihn lieber wie den anderen von der Lektüre der Worte, um ihn bei den Bildern zu belassen. Wie oft ging es mir ebenso. Nicht aus Faulheit des Lesens vertiefte ich mich in die Tafeln, sondern aus Freude über den sinnlichen Zwang, über die leibhaftige Berührung durch das sichtbare Medium, statt durch die, ach, so lahme geistige Übertragung. Jetzt erkenne ich Herrn Schober als einen eleganten Mann, und sehe den großen Vogl neben dem kleinen Schubert, und habe schon etwas im Auge, wie sie da nebeneinander spazieren und plaudern. Dem guten Schwind danke ich am meisten. Er hat mit seiner ewigen Zeichnerei, vor allem in der langen Rolle des Lachnerlebens, den Hauch aller Schubertiaden aufgefangen und uns doch ein bißchen näher gebracht. Und Anselm Hüttenbrenners spitzes, sympathisches Gesicht bleibt mir unvergeßlich, und immerhin fühle ich etwas von der Atmosphäre, in der diese Leute sich das Leben zurechtmachten, dieses einfache, zufriedene und so sehr unpolitische Leben. Ja, diese Unpolitik, wie beneidenswert lagert sie um Schuberts problemlose Musik. Welche starken und schweren Zeiten hat er erlebt, ohne daß auch nur der geringste Niederschlag davon in seinen Werken zu spüren wäre. Beethoven riß es heraus, aber ihn bestätigte es nur um so mehr im Frieden seiner Insel. Habt ihr nun etwa die äußere Gestalt Schuberts? Wißt ihr trotz all den Bildchen genau, wie er aussah, wie er ging, wie er sprach? Müßt ihr nicht wieder die Nase in die Bücher stecken, um zu erfahren, von dem Direktor eines Tierarzneiinstitutes zu erfahren, wie es mit ihm stand? Wissen wir, ob dieser Direktor gut beobachtet und gut beschrieben hat? Er anatomisiert ihn: die Gestalt klein, aber stämmig, mit stark entwickelten festen Knochen und strammen Muskeln, ohne Ecken, mehr gerundet. Wollt ihr weiter hören, was Doktor Eckel sagt? Krampfhafte Sehnsucht, seine äußere Erscheinung wenigstens durch das Gesicht eines anderen uns herzuzaubern. Was liegt an dieser Erscheinung? Eckel sagt weiter: Nacken kurz und stark, Schulter, Brust und Becken breit, schön gewölbt, Arme und Schenkel gerundet, Hände und Füße klein, der Gang lebhaft und kräftig. Den ziemlich großen und runden derben Schädel umwallte ein braunes, üppig sprossendes Lockenhaar. Das Gesicht, in welchem Stirn und Kinn vorherrschend entwickelt waren (das stimmt wohl kaum mit den Bildern), zeigte weniger eigentlich schöne als vielmehr ausdrucksvolle Züge. Das sanfte, wenn ich nicht irre lichtbraune, bei Erregung feurig leuchtende Auge (das sagen alle) war durch ziemlich vorspringende Augenbögen und buschige Brauen stark beschattet und dadurch, sowie durch häufiges Zusammenkneifen, wie es bei Kurzsichtigen vorzukommen pflegt, anscheinend kleiner als es wirklich war. Nase mittelgroß, stumpf, etwas aufgestülpt (davon sieht man nichts auf den Bildern), durch eine sanfte Einwärtsschweifung mit den vollen, üppigen, fest schließenden und meist geschlossenen Lippen verbunden. Am Kinn das sogenannte Schönheitsgrübchen. Das Gesicht blaß, aber lebhaft, wie bei allen Genies. Ein lebhaftes Mienenspiel als Ausdruck der inneren steten Erregung, bald in gewaltigen Stirnfalten und ineinandergepreßten Lippen ernste, bald im sanft leuchtenden Auge und lächelnden Munde liebliche Gebilde seines schaffenden Genius verkündend. Im ganzen zeigte Schuberts Gestalt den klassischen

Ausdruck der Harmonie von Kraft und Milde eines Olympiers. (An solchen Phrasen kann man das Niveau und den Wert der Beschreibung erkennen.)

Und schon entschwebt er uns wieder. Vor Mitleid lächelnd, sieht auf die Erde herab. Bald bist du am Ende, denkt er, lieber Schriftsteller. Was willst du da so viel erzählen? Ja, ich erinnere mich, zwei Jahre ungefähr vor der Erlösung war es, es war öde und trübe. Mit den Esterhazys war Schluß. Honorare waren schlecht. Antworten kamen nicht. Und die Krankheit schwächte. Habe ich nicht gesagt, daß aus den Schmerzen der reinste Quell floß? Es war die Zeit des D-Moll-Quartettes. Von irgendeiner öffentlichen Aufführung war keine Rede. Privat hat man es hier und da gespielt. Und meine Freunde? Sie heiraten.

Bewerbung um die Stelle des Hofkapellmeisters: „Euer Majestät! Allergnädigster Kaiser! In tiefster Ehrfurcht waget der Unterzeichnete die gehorsamste Bitte um allergnädigste Verleihung der erledigten Vicehofkapellmeisterstelle und unterstützt sein Gesuch mit folgenden Gründen. 1. ist derselbe von Wien gebürtig, der Sohn eines Schullehrers und 29 Jahre alt. 2. genoß derselbe die allerhöchste Gnade, durch fünf Jahre als Hofsängerknabe Zögling des k. k. Konviktes zu sein. 3. erhielt er vollständigen Unterricht in der Komposition von dem gewesenen ersten Hofkapellmeister Anton Salieri, wodurch er geeignet ist, jede Kapellmeisterstelle zu übernehmen, laut Beilage A (Empfehlung von Salieri), 4. ist sein Name durch seine Gesangs- und Instrumentalkompositionen nicht nur in Wien, sondern auch in ganz Deutschland günstig bekannt, auch hat er 5. fünf Messen, welche bereits in verschiedenen Kirchen Wiens aufgeführt wurden, für größere oder kleinere Orchester in Bereitschaft. 6. genießt er endlich gar keine Anstellung und hofft auf dieser gesicherten Bahn sein vorgestrecktes Ziel in der Kunst erst vollkommen erreichen zu können. Der allergnädigsten Bittgewähr vollkommen zu entsprechen, wird sein eifrigstes Bestreben sein. Untertänigster Diener Franz Schubert. Wien, den 7. April 1826."

Alles erfolglos. Erfolglos auch die Werbung um Beethoven. Man weiß, Beethoven hat gesagt: „Wahrlich in dem Schubert wohnt ein göttlicher Funke." Er hat das gesprochen, als Schindler ihm einige

Lieder zur Ansicht brachte. Vielleicht hätte er Opern und Symphonien sich erbeten. Da trat der Tod an ihn heran. Es herrscht eine Dunkelheit um den einzigen Augenblick, in dem Schubert ihm nahe war. Hat er ihn besucht, da er im Sterben lag? Hat er ihn erst gesehen, als er tot war? War dies der Moment, da er ihn das erste- und das letztemal in seiner Wohnung wirklich antraf? Er wird in das Grab auf dem Währinger Friedhof gesenkt. Die Freunde treffen sich in der Mehlgrube am Neuen Markt. Schubert erhebt das Glas: auf den, den wir jetzt begraben haben. Er erhebt ein zweites Glas: auf den, der der nächste sein wird. Eine gute Legende.

Hoffmann von Fallersleben fährt mit Panofka nach Dornbach hinaus, um Schubert zu sehen. Sie fragen in der ‚Kaiserin von Österreich' nach ihm. Man antwortet: „Der kommt schon lange nicht mehr nach Dornbach, heut ist Samstag, vielleicht morgen." Am nächsten Morgen suchen sie ihn vergebens. Sie schreiben ihm und laden ihn in den ‚Weißen Wolf' ein. Der Wein ist für ihn gedeckt, er kommt nicht, sie trinken seinen Wein aus. Vierzehn Tage später ist Maria Himmelfahrt. Um zwei fahren die beiden im Stellwagen nach Nußdorf. Sie suchen ihn rings um Wien herum, sie finden ihn nicht. Sie laufen bis Heiligenstadt und bis Grinzing, wo sie einkehren. Der Wein ist schlecht, aber es sitzt sich gut im Garten. Ein alter Fiedler spielt. Plötzlich ruft Panofka aus: „Da ist er." Von mehreren Fräulein umgeben, sucht er sich einen Platz. Panofka bringt ihn herüber. Hoffmann von Fallersleben drückt seine Freude aus. Schubert steht verlegen vor ihm, weiß nicht recht, was er antworten soll, und nach wenigen Worten empfiehlt er sich und – läßt sich nicht wieder blicken. Fallersleben knüpft an diese Erzählung eine banale Bemerkung: Hätte er ihn nur lieber nie gesehen. Er hätte nicht gewußt, daß er so gewöhnlich und gleichgültig ist. Da habt ihr's alle.

In den Rest seines Lebens sinken wir noch einmal zurück. Wir zählen nicht seine Besuche und Einladungen auf, aber seine Müdigkeiten und seine Verzweiflungen. Die Winterreise ist der tiefe Ausdruck dieser Düsterkeit. Er lebte in der Ironie des Dichters. Er sagte: „Ihr werdet bald hören und begeifen, kommt heut zu Schober, ich werde euch einen Kranz schauerlicher Lieder vorsingen, sie

Moritz v. Schwind, Selbstbildnis
Nach einer Lithographie von J. Kriehuber

haben mich mehr angegriffen, als das je bei anderen Liedern der Fall war." Und es ist auch die Zeit der kleinen Klavierstücke, in denen er die Gattung der wortlosen lyrischen Aussprache am Instrument schuf. Wir sehen seine Lippen sich hier bewegen.

Und nun das letzte Jahr. Arm, arm! Seine Stiefmutter verwahrt den Erlös der Schreibhefte, die der Vater in der Schule verkauft, in einem Strumpf. Der Sohn besucht sie Sonntags: „Nun, Frau Mutter, lassen Sie mich ein wenig nachsehen, vielleicht finden sich in Ihren Strümpfen ein paar Zwanziger, die Sie mir schenken könnten, damit ich mir heute einen guten Nachmittag antun kann." Und sie gibt. Mit Bauernfeld und Schwind streicht er noch so herum. Man begleitet sich abends gegenseitig nach Hause. Man übernachtet beieinander. Schwind liegt in einer ledernen Decke auf dem Fußboden. Hüte, Stiefel, Halsbinden, Röcke, alles gehört ihnen zusammen. Schubert bekommt ein Honorar, und auf einen Tag ist Überfluß.

Noch ein großes Erlebnis. Das einzige Konzert, das Schubert gegeben hat, am 26. März 1828. Konzert? Man spielte einen Streichquartettsatz, Vogl sang ein paar Lieder, Josephine Fröhlich sang das Ständchen mit den Schülerinnen des Konservatoriums, es gab ein neues Trio, man sang ‚Auf dem Strome' von Rellstab mit Horn und Klavier, Vogl sang die ‚Allmacht', und zuletzt kam der Schlachtgesang für Männerstimmen. Schubert machte das auf eigenes Risiko. Es war sehr voll und eine gute Einnahme. Beinahe 800 Gulden. Man rief Schubert unzählige Male. Die Kritik schwieg ihn tot. Wird es besser? Deutsche Verleger melden sich das erstemal von selbst. Aber es kommt nicht viel heraus. Heraus kommt alles im stillen Kämmerlein, in den großen C-Dur-Stücken, in der Symphonie und im Quintett. Der Tod blickt ihn an. Die Mahlzeit bleibt stehen. Er war von Schober zu seinem Bruder Ferdinand gezogen. In der Pfarrkirche von Hernals wird von Ferdinand ein Requiem aufgeführt. Es ist die letzte Musik, die er hört. Ahnt er etwas? Noch geht er einen letzten Gang zu dem Theoretiker Simon Sechter. Man denke, Schubert will noch Theorie und Satzkunst lernen. Er braucht es für seine Chöre im Himmel. Am 12. November schreibt er an Schober: „Ich bin krank, habe schon elf Tage nichts gegessen und nichts getrunken, wandle matt und schwankend von Sessel zu Bett und zurück, schicke mir Lektüre, am liebsten Cooper, deponiere ihn im Kaffeehaus bei Frau von Bogner, mein Bruder wird es bringen, oder auch etwas anderes ..." Am 19. November war das Ende. Er ruft, so geht die Legende, in der Agonie: „Hier liegt nicht Beethoven." Darum legte man ihn zu Beethoven auf den Währinger Friedhof und brachte ihn später mit Beethoven zusammen auf den Zentralfriedhof.

Das Gericht hat nur seinen irdischen Nachlaß aufzunehmen. Es waren drei Fracks, drei Gehröcke, zehn Beinkleider, neun Gilets, ein Hut, fünf Paar Schuhe, zwei Paar Stiefel, vier Hemden, neun Hals- und Sacktüchel, dreizehn Paar Fußsocken, ein Leintuch, zwei Bettziechen, eine Matratze, ein Polster, eine Decke, zusammen 53 Gulden wert, keine Bücher, außer einigen alten Musikalien, geschätzt auf zehn Gulden, befindet sich von Erblasser nichts vorhanden.

Während ich dies schreibe, wurde auf einer Auktion für einen Brief Schuberts 1450 Goldmark bezahlt. Sic crescit gloria mundi.

2. Klaviermusik

Endlich bin ich bei den Werken selbst. Ich werde sie nicht etwa chronologisch ordnen. Selbstverständlich ist eine Entwicklung da vom Einfachen zum Schweren, vom Flachen zum Tiefen, aber es reizt mich mehr, das System zu zeigen, das System seines Gesamtwerkes, wie es als Musikbild uns geblieben ist. Nachdem das Schicksal den Faden zu früh zerrissen hat, liegt das Werk abgeschlossen vor uns, durch den Zufall abgeschlossen, was durch das System wieder gutgemacht werden muß. Ich will es aufbauen, ich will nicht vollständig sein, nur von dem reden, was alle Welt kennt oder kennen sollte. Ich werde mit dem kleinsten Kunstwerk, dem Klavierstück beginnen und fortschreiten zu den Werken komplizierteren Apparates. Zu den einzelnen Stücken sollen Bemerkungen gemacht werden, nicht philologischer Natur, sondern Erklärungen, Werturteile, Einsiellungen und Wahl der Lieblinge. Die Notenbeispiele, die der Leser findet, sind nicht gedacht als Interpretationen von wichtigen Themen, sondern auch sie sind Lieblinge. Sie sollen die Berührung mit dem Instrument, die doch erst das wahre Musikbild gibt, andeuten, und sollen die Stimmung und das Klima angeben, aus denen ich spreche.

Die vier Impromptus, op. 90, sollen die ersten Muster jenes kleinen Klavierstückes sein, das Schubert in die Literatur eingeführt hat. Die Bagatellen von Beethoven sind nur eine Vorstufe, unvollständige Sonatensätze oder schnelle Skizzen einer Idee. Hier ist bewußte Geschlossenheit. Wenn alle diese kleinen Stücke auch in Sonaten hätten eingereicht werden können, so liegt es daran, daß die romantische Sonate sich eben aus solchen Stimmungsbildern zusammensetzt. Es ist schön, sie nicht einzureihen, sie als Gedicht nach Gedicht zu behandeln. Selten sind wir Schuberts Seele so nah, wie in ihnen. Es gibt keinen musikalischen Menschen, der sie nicht kennt und liebt. Da wird eine Volksmelodie angeschlagen, ein Lied, nicht von gewöhnlicher Art, schwerer im Blut und gar nachdenklich. Das Klavier faßt es liebevoll auf. Die Melodie wird erst nackt hingesetzt, dann mit schlichten Akkorden bekleidet.

1. Klavier Impromptu op. 90,1

Allegro molto moderato

Sowohl ihr erster, wie ihr zweiter Teil. Das Spiel wiederholt sich, die Akkorde werden gewichtiger und verwickelter. Und bald entfaltet sich auf gebrochenen Bässen aus derselben Melodie eine weiche, lange Weise, die sich über die Tastatur hinzieht, die in den Baß steigt, vom Diskant umspielt, die in einer wundervollen As-Dur-Stelle, wie auf süßen Pianissimokissen sich ausruht. Und wieder kehrt der Dichter zu der ersten Form der Volksweise zurück, immer reicher ausgestattet, auf der Triolenbewegung, die er von dem Liede zurückbehalten hat, und steigert es, und setzt das Lied nun auf Sechzehntel, und umkost es mit weiten Fingern, und hält wieder die Bewegung zurück in Triolen und weiter zurück in Vierteln, wobei das Thema sich ins Wesenlose verhaucht.

Welch anderes Bild, das zweite Impromptu, das flüchtig schöne Passagenspiel in Es-Dur mit dem gestoßenen Mittelsatz in H-Moll, ein drehender Kreis, pianistisch feinfühlig, Vorahnung von Chopin, wie wenig Stücke Schuberts. Sein Klaviersatz, der bisweilen noch virtuose Reste hat, lebt sich in erster Linie im Klang aus, im Anschlag, mehr noch in der samtenen Wirkung weicher Harmonien und Brechungen, als in dem künstlichen Forte, das ein plötzlicher innerer Impuls an die Oberfläche bringt.

Ganz zarter und weicher Klang ist dieses dritte Stück. Man sagt, es war noch ätherischer gedacht, in solchem Ges-Dur, aus äußeren

2. Klavier Impromptu op. 90,3

Andante

Rücksichten sei G-Dur gewählt worden. Eine Melodie, aus tiefer romantischer Seele gesungen, zieht sich in unendlicher Länge und Breite über die gebrochene Begleitung hinüber, bisweilen von dem Kontur einer zweiten Stimme im Baß gegenbewegt. Alle Dimensionen Schuberts sind in diesem Stück. Die Finger zaubern mit einer unbeschreiblichen Delikatesse Atem der Seele auf den Tasten. Die Brust hebt sich und senkt sich.

Das vierte Stück hält sich in einer leichteren Improvisation, unterschieden in einen Mittelsatz, zwischen Vor- und Nachsatz, wie es Schubert gern mag, wenn er statt durch die Einheit durch den Kontrast wirken will.

Die anderen vier Impromptus, op. 142, stehen im allgemeinen nach. Wir werden das Legatospiel des zweiten As-Dur-Stückes nie aus den Ohren verlieren. Wir werden erstaunen, welcher unerwartete Reichtum an Erfindung, an Vor-Schumannscher Romantik in den Rosamunde-Variationen enthalten ist. Im letzten F-Moll-Stück suchen wir uns aus. Der neckische Anfang erfüllt sich nicht immer im leeren Spiel der Mitte. Wir sind glücklich, Schubert in schwachen Stunden zu beobachten, weil sein Genie unerträglich wäre, wenn es nicht den Schlaf hätte.

Die Moments musicals sind sechs Stücke, staunenswert in ihrer Abwechslung. Ein C-Dur-Thema, wie ein Trompetenruf, schwingt sich über die Saiten. Mit leichten, frohen Akkorden wird ihm die Landschaft gegeben. Immer beschwingter breitet es sich aus, löst sich wie in einen Kuckucksruf auf, der wird Figur und vermählt sich mit dem Thema. Wiegen und Wogen in Romantik. Hornklänge, und wieder Rückkehr zum Anfang, denn Bau bleibt alles. Ein punktiertes As-Dur-Motiv, in jener weichen Lage der Quinten und Sexten, die bis auf Brahms den Klavierfingern gewohnt blieb, gestaffelt mit einem Fis-Moll-Satz voll singender Melodie, und immer das Akkordliche in seinen weichen, gebundenen Klängen wieder hervortretend aus dem melodischen Gesang, und noch einmal, und könnte in die Ewigkeit so weiter gehen.

3. Moments musicals Nr. 3

Allegro moderato

Zehn Millionen Mal ist es gespielt worden, das neckische Stückchen in F-Moll, das sich nach F-Dur hinüberlächelt, Grenze von Moll und Dur, die Schubert mit leichtem Sinn so gern voll Laune und Gefühl überspringt. Und schon rauscht das Cis-Moll-Stück einher, Sechzehntel-Etüde in bewegter Haltung, unterbrochen von dem warmen Pianissimo der synkopischen Mitte in Des. Und noch einmal F-Moll, aber kräftig trottend im Wechsel des Viertels mit den zwei Achteln, in Schubertschem Zirkel der Tonarten munter hinaufbewegt.

4. Moments musicals Nr. 6

Allegretto

Dies kann man sein Credo nennen. Ein Mensch sitzt vor dem Klavier, greift leise in seine As-Dur-Tasten, bewegt die sehnsüchtigen Akkorde im enharmonischen Wechsel bis nach E-Dur hinüber, und bisweilen löst der obere Finger den Hauch einer seligen melodischen Wendung ab, die dann in Akkordfolgen sich wieder aufsaugt. Nur leicht taktiert sich die Empfindung in einem Mittelsatz, Trio genannt – wie hebt sie sich verliebt in ihre Weisen, so unbefangen, so naiv, parallel in den Führungen der Stimme, als sänge der Chor in uns ein Volkslied, und wir gleiten wieder in den Hauptsatz, in dem das Gefühl eines Jahrhunderts vorweggenommen zu sein scheint, und können nicht genug haben.

5. Fantasie G-Dur op. 78

Molto moderato e cantabile

Die wundervolle Fantaisie, op. 78. Fantaisie! Was ist es? Vier Sätze sind zusammengestellt, die alle ihr einzelnes Schubertsches Leben führen. Es könnten auch vier Impromptus sein. Das erste steht in G-Dur, nichts anderes als eine Variation über Schuberts Lieblingsgriffe auf dem Klavier, die weitgespannten, weichen Akkorde, die sich in allen Lagen, allen Verdüsterungen, allen Geheimnissen aneinanderreihen. Die Rechte gewinnt zuerst tänzerische Regungen in jenen Dreiachteln auf der Quartsext, die bis zu Schumann die vornehme Rhythmik dieses Genres kennzeichnen. Schumann! Nach einer kleinen virtuoseren Episode der Variation gibt es hier eine Stelle, Diskant und Baß, melodisches Gerüst, dazwischen eingestreute gebrochene Figur, ein Streicheln des Klanges, das die halbe Literatur von Schumann bestimmt hat. Durcharbeitung! Man kann ein gewisses kontrapunktisch kanonisches Gebaren in der Mitte des Stückes wohl so nennen. Aber es interessiert ihn nicht lange. Er kehrt willig zu den Tönen seines Anfanges zurück. Der zweite Satz, das Andante, unterbricht romantischen Volksgesang mit wildem Feuer fast ungarischen Blutes, und dies Feuer wieder mit leisen Nachdenklichkeiten in Fis-Dur, aus eigener Landschaft. Der dritte Satz, das Menuett, hat ganz den Tanz in den Fingern. Aus der noch schwereren Dreiviertelwendung des Hauptsatzes wird im Trio, im sublimsten H-Dur, die Ahnung eines Schubertschen Walzers, wie eine Sehnsucht hingesetzt, mitten im Betrieb der großen Musik. Auch viertens das Allegretto ist national gefärbt.

6. Fantasie G-Dur op. 78. Letzter Satz

Allegretto

Auch dies ein bißchen ungarisch? Zelesz? Karoline? Mit welcher Souveränität verläuft es zwischen Sang, Brummern, Fiedelfiguren, Hüpfern des Tanzes, und immer so froh und lustig und verschwenderisch, und auf einmal noch, unerwartet, das rührende Expressive in der C-Moll-Melodie, bald C-Dur-Melodie, eine entzückende Klaviertechnik, und wieder Singen und Brummen und Spielen und ein Dankeschön zum Schluß.

Die berühmte Wandererfantasie (op. 15) bearbeitet das Thema des unvergänglichen Liedes, und zwar seinen Mittelsatz, in dem die düstere Stimmung sich verdichtet. Aber die Wandererfantasie ist nicht düster und das Thema ist nur äußerlich. Es ist ganz ein Stück von Gnaden des Klaviers. Von dem Thema als Thema bleibt im ganzen nicht viel mehr übrig, als eine Schubertsche Handbewegung, wie er sie auch sonst überaus liebt, die Folge von einem Viertel und zwei Achteln. Es wäre ganz falsch, hier etwa eine Programmusik zu erkennen, die das Gefühl des Wanderers: dort wo du nicht bist, dort ist das Glück, nach vier Seiten abwandelt. Im Gegenteil, das Glück ist hier, es ist ganz vorhanden und ganz Sinnlichkeit. Das Thema ist vom Liede losgelöst, absoluter Klang und Freude aller musikalischen Bearbeitung. Wäre nicht so viel Empfindung dabei, man könnte fast sagen, die Bearbeitung sei virtuos. Und selbst wenn sie virtuos wäre, es ist so schön, Schubert dabei am Klavier zu sehen, wie er sich aus seinen Träumen in die Sensation der Zeit bisweilen verliert und aus der Sensation immer wieder zu sich zurückfindet. Kann man eine Gattung entschuldigen, die ein Thema aus einem zarten, feinen Gebilde zu einem gewaltigen Klaviereffekt in hundert Verwandlungen auseinanderzieht? Man kann es in der Reinheit der Kunst, die Schubert nie ganz verliert, man kann es nicht, wenn Liszt daraus wiederum eine Bearbeitung macht, die den Wirkungswillen des Originales in Rausch und Glanz einer modernen Zeit zu einem Konzert mit Orchester aufpeitscht.

Weit ausgreifend in C-Dur, wird das rhythmische Motiv zu Beginn durchgeschlagen, die Finger frohlocken in kräftigen Griffen, in starken Vorhalten von unten, in festen Sequenzen, und wirbeln sich herunter, bis das Motiv in E-Dur leiser zu atmen beginnt, mit einer süßen Wendung nach oben. Und selbständiger wird diese Wendung, und singender ziehen sich die Stimmen über die Tasten, und männlicher noch steigt darauf C-Dur in die Höhe, und es beginnt das imitatorische Spiel mit allen Teilen des Motives, um wieder weicher sich zu beruhigen in Es-Dur, mit jener lyrischen Schlußwendung, die wiederum neue Wendungen ansetzt, immer weiter, unersättlich im Spiel der Phantasie. Größer und gewaltiger rauscht noch einmal die rhythmische Komposition über das Klavier, um allmählich abzuzittern, von krampfhaften Schlägen noch durchpulst, hinunter nach Cis-Moll, zum Quell der Erfindung, zum Wandererthema selbst, zum Original des Liedes, pianissimo, ganz in sich versunken ...

Variationen spielen. In zartestem Anschlag singt sich das Thema, immer leicht verändert, durch E-Dur. Ein Wirbel unten im Baß, ein Heraufrollen der Zweiunddreißigstel. Das Thema erinnert sich geheimnisvoll seiner Linie, die es bald im ornamemtalen Gang punktierter, schwerer Akkorde hinüberbiegt, um sie frei in Cis-Dur, barocker in Cis-Moll, beladener wieder in Cis-Dur, zu singen und schließlich in ein ätherisches Spiel von Vierundsechzigsteln aufzulösen, die wilder und gewaltiger einherbrausen, in Septimen aufschreien, in einem fast tonlosen Tremolo schwarze

7. Wandererfantasie C-Dur op. 15

Grundfarbe geben, auf der noch einmal das silberne Motiv wie à jour leuchtet – schon umfängt uns das Presto. Das Motiv ist nur noch wie in der Andeutung eines Scherzos vorhanden, es tanzt, es springt, es maskiert sich, und auf einmal hüpft es in Des-Dur hinein und macht sich ein Liedchen, vielleicht aus jener lieblichen Schluß-wendung, vielleicht irgendwo anders her, aber das Lied ist schön und geht uns in die Ohren wie ein heimlicher Walzer. Es war das Trio. Erster Teil da capo. Übergänge? Es gibt keinen Punkt nach den Sätzen. Es ist nur ein großer Satz das Ganze. Die verschiedenen Tempi, die verschiedenen Gestalten hat er in sich und führt sie ineinander über. War es das, was Liszt reizte? Seine symphonische Dichtung wurde nichts anderes, als die Befolgung dieses Schemas. Die Wandererfantasie war die erste symphonische Dichtung für Klavier. Und noch einmal, das Programm? Wenn man durchaus will, gehört der langsame Satz der Stimmung des Wanderers. Aber vielleicht ist er auch dafür etwas zu dämonisch. Der Aufschwung des ersten Satzes, die Heiterkeit des dritten, es sind allgemein menschliche Zustände, nicht anders, wie in jeder Symphonie. Und genau so das Gesetz des letzten Satzes. Das Thema wird Fuge. Fuge ist Sicherheit, Hafen, Ruhe nach dem Sturm. Erinnerungen an den

Anfang werden herübergezogen. Das musikalische Erlebnis schließt sich. Das Klavier triumphiert in einer sieghaften Technik, in der Sonne von C-Dur. Sonaten gibt es eine große Anzahl von ihm. Sie sind nicht gleichwertig. Ich unterstreiche einige und pflücke die Schönheiten in anderen. Ich schreibe wie ein Amateur über Gegenstände, die er liebt, nicht wie ein Wissenschaftler über Details, die er erforscht hat. Ich hüte mich vor Schöngeisterei. Wie bequem wäre es, Gedichte über Musik zu machen. Aber wie falsch wäre es, durch eine Phantasie die andere zu verdecken und niemals doch zu erreichen. Es wäre auch unmusikalisch. Zur Musik gehört ein gewisser Bestand technischer Notwendigkeiten, vor denen der Leser nicht zu erschrecken braucht. Er weiß ja ohnehin, welche schönen Gegensätze Dur und Moll sind, und wird immer mit Vergnügen hören, wie liebevoll sich bei Schubert diese Gegensätze berühren. Er weiß vielleicht auch von den verschiedenen Klimata, die die Tonarten haben, weshalb man am vorteilhaftesten die Stücke und Teilstücke nach ihnen benennt. Von A-Moll wird er vernehmen, daß es eine Lieblingstonart Schuberts ist, weil sich in ihr so naiv und leicht spielen läßt. Und von As-Dur, Ges-Dur und Des-Dur wird er dasselbe verstehen, weil sie der zarten Hand alle gewünschte Weichheit gestatten. Und wenn er gar einmal von der Tonika liest, die der Grundton ist, und von der Dominante, die der Leitton ist, und vom Intervall der Septime, das die größte Expansionskraft in sich hat, so wird er das alles aus mancherlei Beziehungen zum Leben sich sofort deuten können und wird noch weniger erstaunt sein, von der Verschiedenheit der Akkordlagen zu lesen, von der Grundlage, die fest in sich besteht, von der Sextlage, die eine schwebende Erwartung in sich trägt, und von der Quartsextlage, die die süßeste Sehnsucht nach der Erlösung uns vormusiziert. Das sollte einmal gesagt sein. Ich will die letzte Verständigung, eine Schubertsche Verständigung, mit aller Kunst der Schule, aber doch in jener herzlichen und klingenden Beziehung zwischen dem Werk und dem Genießer, die seine Art und Wesen ist.

Doch ich wollte von den Sonaten sprechen. Nicht die frühesten und nicht die spätesten sind mir die liebsten. Sondern aus der mittleren Zeit die geliebte A-Moll und die noch viel berühmtere D-

Dur. In der A-Moll-Sonate ist eine solche Legerität der Erfindung und der Tastatur, daß man wie in Musik spazieren geht. Die Themen und ihre kunstvolle Bearbeitung, das ist nie die Hauptsache bei Schubert, sondern die Liebenswürdigkeit, mit der es uns geboten wird, und die Tiefe, aus der es uns anlächelt. Wie ein Volksspiel, so fängt die A-Moll an und dann greift sie in Akkorde und läuft über Figuren und streichelt die Themen und läßt sie hüpfen und tanzen und manchmal tut sie ihnen den Gefallen, sie ein bißchen gelehrter zu behandeln, oder in eine wohlgemeinte Kanonik zu setzen, aber das alles ist nicht so schlimm, es sind nur Formen des Wohlgefallens und der Freude an farbig modellierten Harmonien und Rhythmen. Der langsame Satz schließt sich ein wenig an das alte Schema der Variationen an. Aber auch das ist viel weniger wichtig, als der fabelhafte Reichtum an Einfällen, der bei dieser Gelegenheit aus den Tasten hervorblüht, in Stärke und Mannigfaltigkeit oft schon ein Vorbild der symphonischen Etüden von Schumann. Nein, aber am reizendsten ist doch das Scherzo mit seinem lebhaft geschwungenen Takt, unsagbar munter und lustig und vor Erfindung schier zerplatzend. Oder ist der letzte Satz der Triumph? Ich bin unsterblich verliebt in ihn. Dieses Vivace-Wogen der Achtel, mit dem plötzlichen munteren Augenaufschlag aus den Wellen heraus, hier auf einmal, und plötzlich gar nicht wie im Takt schon wieder dort, und schon wieder da, und hier schon wieder aus einer anderen Tonartwelle – und dazwischen das Frohlocken Schubertscher Viertel mit Achteln und das Stampfen auf Forteakkorden, hintereinander, viermal G-Dur, viermal E-Dur und dann viermal C-Dur, viermal A-Dur und dazwischen, immer noch dazwischen, über den Achtelgängen der Duft einer Melodie: nicht auszuspielen.

Dies war also A-Moll, op. 42, denn es gibt noch andere A-Molls. Die D-Dur-Sonate ist op. 53. Sie hat einen größeren Zug, ist viel elementarer, das heißt bei Schubert breiter, höher, tiefer. Der erste Satz rollt und schlägt in Triolen und Akkorden, sehr unkonventionell, über das Klavier. Neue Dinge gestalten, man fühlt den Mut und die Einstellung. Der Geist der spielenden Fiedel wehrt sich dagegen. Es gibt eingeschobene Teile, ein wenig langsam, in denen das Arpeggio der Wiener Geige Figuren malt, nur so, nur weil es schön ist und den Tasten ein neues Vergnügen macht. Dann rollt es weiter. Sucht das erste, sucht das zweite Thema. Ihr werdet es in der Flut der Leidenschaft kaum benennen. Doch nun still! Der langsame Satz beginnt con moto. Es ist eine der heiligsten Melodien, die Schubert gesungen hat, mit Durchgängen der Mittelstimmen, die an allerletzte Romantik erinnern.

8. Klavier Sonate op. 53

Wie wundervoll ist es. Und so fängt es nur an. Es breitet sich aus. Es durchfühlt die zartesten Organe dieses Instrumentes, um sie geheimnisvoll klingen zu lassen. Vorhalte, Schubertsche Vorhalte, wie er sie in ihrer sehnsüchtigen Linie in die deutsche Musik eingesetzt hat, Schubertsche kleine Wendungen, von unten, von oben über den Ton, den er sinnig umschmeichelt, ein Gesang ist es, daß das Pianoforte staunt über seine nie geahnten Fähigkeiten. Volksmäßig in Sexten, Quinten, Terzen schlingt sich ein zweites Motiv durch die verwandten Tonarten, und die linke Hand füllt es, durchzeichnet es, schattiert es, wie in einer Improvisation der Finger, die nicht mehr berühren wollen, als dem leisesten Verständnis und der anmutigsten Kundgebung erlaubt erscheint. Wie sich dann das Gebilde hebt! Wie es sich synkopiert! Der Takt wird schamhaft. Er hängt sich nach. Er findet sich wieder, wenn die Melodie einen neuen Kreis beginnt. Welche mystische Zartheit. Welche lauen Lüfte eines Pianissimowebens, Andeutung des Gesanges von Lippe zu Lippe. Welche hinreißenden Modulationen, oft nur ein Hauch der Verständigung. Und als ob alle Schule und alle Tradition in dieser Seligkeit überwunden wären, umschlingt sich bei der Wiederholung das Thema mit hohen Girlanden, die kaum noch die Methode der Nachahmung ahnen lassen. Und wiederholt sich und variiert sich immer weiter und wird reicher und voller und umarmender in Ton und Griff, um in einem wie geflüsterten Abstieg sich keusch zu verlieren und auszuruhen.

Barbara Fröhlich
Nach einem Gemälde, Städt. Sammlung, Wien

Tolle Lust im Scherzo. Blumige Walzergänge, Punktierungen und Staccati auf Dreiviertel, der große Zug des Tanzes. Und alle Weichheit der weitgespannten Schubertakkorde als Mittelsatz dazwischen gestellt. Im letzten Rondo aber ein schelmischer Ausklang, nicht ganz einheitlich, als hätte man sich ein wenig ausgegeben. Springende Figuren auf gestoßenen Bässen, leicht vervielfältigt, wenn sie wiederkehren, unterbrochen von gefälligen Übungen auf den Tasten, in Passagen, in Melodiechen. Husch, weg.

Diese beiden schönsten Sonaten stammen aus dem Jahre 1825. Auch die A-Dur, op. 120, gehört in dies Jahr. Welches breite, gesangvolle Thema steht an ihrem Anfang. Aber sie hält nicht ganz das, was dieses Thema verspricht. Sie ist vielfach virtuos und manchmal auch ein bißchen leer. Viel interessanter ist das Fragment einer C-Dur-Sonate, auch aus demselben Jahre, das gewöhnlich die Reliquie genannt wird. Es reizte einen modernen Komponisten, Herrn Krenek, sie zu vollenden, was er in einer sehr stilvollen Art getan hat.

Schuberts Sonaten kommen immer stoßweise heraus. 1817 hatte er auch drei geschrieben. Sie sind natürlich viel einfacher und harmloser. Am interessantesten ist die A-Moll-Sonate, op. 164. Sie hat einen reizenden zweiten Satz, der besondere Liebe verdient. Das Thema ist so melodiefroh, wie ein lustiges Lied, das man auf Wegen singt. Es wird entzückend abgewandelt und von hübschen Zwischensätzen unterbrochen. Die rondoartigen Übergänge zeigen die ganze Anmut Schubertscher Linienführung.

Und dann sind drei Sonaten, die aus dem Jahre 1828 stammen. Da ist eine in C-Moll mit einem Adagio, das uns in die Ohren fällt durch die Zartheit seiner Melodie, durch die reife Blüte seiner Sprache, durch die Farbigkeit des Harmoniewechsels. Und ein letzter Satz ist in derselben Sonate von einer tarantellaartigen Beweglichkeit in hüpfenden Fingern, über eine ganz frei genommene Tastatur. Und bann ist da eine Sonate in A-Dur, auch sehr merkwürdig in der Gestaltung, in den Besonderheiten, die Schubert plötzlich einfallen – sie hat ein Andantino von einer wundervoll melancholischen Kontur, durchzogen von ganz freien Läufen und Improvisationen, die sich am Klavier sättigen, und dann hat sie ein

Rondo, wieder von der Singkraft des Themas, daß wir aus den Tasten brüderliche und frohe Menschen emporsteigen sehen, die sich in der Variation der Motive immer wieder auf ihren Spruch besinnen. Wie diese singfrohen Themata Schubert zuletzt beschäftigen! Auch die B-Dur-Sonate wandelt ein solches ab, gleich im ersten Satz, bald pianissimo geheimnisvoll, bald forte herausjubelnd. Ein unerschöpfliches Füllhorn schüttet immer wieder neue Melodien aus, kaum noch als Themen zu registrieren. Noch einmal verweilen wir beim letzten Satz dieser Sonate: der Trompetenstoß eines G ruft und über C-Moll findet ein lieblich springendes Motiv seinen Weg nach B-Dur zurück, bald ausbiegend in ein zweites Thema von ungarischem Temperament und in ein drittes, das deutlicher Schumanns Gesicht ahnen läßt, und in ein viertes, das südliche Leidenschaft durchwirbelt, und alles wird in eine willkommene Beziehung zueinander gesetzt, und ein virtuoses Presto schließt das Konzert.

Nun kommt etwas sehr Schönes. Ich mache keine großen Phrasen, ich übertreibe nicht, ich will sprechen, wie Schubert komponiert hat, so ganz einfach und herzlich, und wenn mir etwas gefällt, will ich es doppelt sagen und will den Faden spinnen, so lange es mir behagt. Ich spreche von seinen Tänzen für Klavier, vor allem von den Walzern, durch die eine der heitersten Gegenden in der ganzen Musikgeschichte gegründet wurde. Im Volke klang es überall, und auch die große Kunst hatte es wie von fern schon gehört. An versteckten Stellen der alten Symphonien, in den Trios der Scherzi, blickt man schon verschämt hinüber auf die süße Melodie des Wiener Walzers, aber sie ist noch heimlich, noch nicht anerkannt von der großen Muse. Schubert genierte sich nicht mehr. Die Ländler und Walzer perlen ihm unter den Fingern. Er erfindet sie zu Haufen und schreibt sie in langen Linien nieder, manchmal noch ungeordnet, manchmal auch nach einer Stimmung zusammengefaßt.

9. Klavier Walzer op. 9 Heft 2 Nr. 14

Was er hier entdeckte, wurde zu einer der wunderbarsten Offenbarungen der großen Herrscherin zeitgenössischer Musik, der Melodie. Lanner setzte es fort, und der Vater Johann Strauß und der Sohn Johann Strauß, und es wurde eine der geliebtesten Angelegenheiten der Welt. Niemals bisher war die Musik des Tanzes ohne Abzug in den Tempel aufgenommen worden. Hier geschah das Unbegreifliche. Der Zug der Melodie über leicht schaukelnden Harmonien im Dreivierteltakt wurde würdig befunden der großen Phantasie und der hohen Meisterlichkeit. Es war die Liebe zum Lied darin, verbunden mit der Liebe zum Tanz. Alle diese unendlich variierten Weisen sind einfache Schemata einer behaglich und unbefangen bewegten Melodie, nach den schlichtesten Gesetzen, nach den naivsten Einfällen, aber von einem unerschöpflichen Reize, wie verjüngt und neugeboren auf dem rhythmisch gespanntesten Takte, den das menschliche Herz sich bisher ersonnen hat. Der Kontrast der Melodie mit Harmonie und Rhythmus, der sich immer wieder zu einer Einheit zusammenzufinden hat, wird zur Triebkraft der Erfindung. Und alle Möglichkeiten, die sich auf diesem entzückenden Wege ergeben, sind von Schubert schon gedacht und geschrieben worden. Er hat die blühende Ästhetik des Wiener Walzers in ganzem Umfang erschaut und erschaffen.

Tausendmal schon habe ich sie gespielt und über sie geschrieben. Wenn ich wählen soll, es liegen mir wenige Landschaften der Musik so nahe, wie diese bescheidene Feinheit. Ich liebe sie, wie am ersten Tage. Mein Heft der Schubertschen Tänze ist zerrissen von dieser vielen Liebe. In Jahrzehnten immer wieder hat es auf dem Notenpult gelegen und ist im Sturme des Angriffes besiegt worden. Viele von den Tänzen, die mir besonders glücklich erscheinen, sind blau angestrichen, und von den blauen wieder noch einige extra rot, die das Dokument eines Genies sind. Aber gestern spielte ich sie wieder alle durch und fand noch manche, die ich vergessen hatte, und werde wieder manche vergessen, die ich gefunden hatte, und werde immer wieder, als wäre nie etwas gewesen, an diesem Quell sitzen, einmal da, einmal dort, und mich erquicken.

Kann man die Vielgestaltigkeit beschreiben, in der Schuberts Phantasie das Problem abwandelt, die Linie der Melodie über die Form der rhythmischen Harmonie zu ziehen? Trauer, oder Sehnsuchtswalzer – wem gehört die Weise, wem spricht sie die Wissenschaft zu? Wie vieles aus dem Volk, wie vieles aus der Luft, aus dem Klima klingt in seinen Ohren, um auf dem Klavier seine Zeichen zu finden. In der Tonika anfangen, dies ist der natürliche Prozeß, um den Walzer in Schwung zu bringen. Aber er hat eine seltsame, schöne Art, erst auf einem Umweg in diesen Strom zu münden, indem er bei verwandten Tonarten den Anfang nimmt und wie in einer Umarmung dann erst die Grundtonart an sein Herz schließt. Es ist nicht zu zählen, wie oft ihm das nachgemacht wurde. Es ist eine so höfliche und liebenswürdige Gebärde, den Walzer einzuleiten, daß sie alle seine Nachfolger bestochen hat. Aber das ist nur einer von den Fällen seiner Besonderheit. Da sieht man zum Beispiel, daß er, statt mit der Tonika zu beginnen, es mit der Dominantseptime tut, aber dann die Quint unter dem Grundakkord liegen läßt, wodurch das ganze Spiel des Walzers in der Atmosphäre schwebend bleibt, um sich erst am Schluß lächelnd zufrieden in der Tonika zu beruhigen. Man kann sich nicht genug freuen, wie reizend die Abwandlung einer melodischen Phrase auf der Reihe wechselnder Akkorde sich vollzieht. Die Phrase ist gegeben, ihre Gestalt bleibt die gleiche, ihre Miene wechselt, je nachdem sie auf Des-Dur, auf AS-Dur, auf Es-Dur sitzt, und in dieser Metamorphose liegt eine solche Artigkeit des Benehmens und zugleich eine solche Eindringlichkeit der Figur, daß schon das Klavier zu tanzen scheint.

10. Klavier Walzer op. 9 Heft I Nr. 6

Man möchte die Melodien graphisch nachzeichnen, wie sie immer wieder verschieden ausfallen, immer wieder einen neuen Rhythmus tragen und doch nichts anderes tun, als das lebendige Bild des doppelten Dreivierteltaktes in eine immer wieder andere Sprache übersetzen, die dasselbe erquickende Wort uns sagt. Die Bewegung streichelt sich in kurzen Figuren von oben nach unten, um dann in einer langen Figur elegant die Höhe wieder zu gewinnen. Oder auf ein Pianissimospiel wird der Nasenstüber eines Sforzato gesetzt. Oder langatmend, wie ein breites Lied, zieht sich die Weise hinüber. Oder kleine neckische Vorhalte von unten machen zärtliche Stimmung. Gebrochene Akkorde hüpfen mit Pralltrillern. Stark betonte Taktanfänge schleifen die Melodie als Schleppe. Feine harmonische Überraschungen bringen uns plötzlich von F-Dur nach Des-Dur, um in jener süßen Ergebenheit, die Schuberts schönste harmonische Tugend war, wieder in den Grundton hinabzusinken. Voran spielt der Dreivierteltakt, nur Begleitung, nur Akkord, 1 2 3 4 5 6, um wieder auf 1 die Zierlichkeit einer leicht aufsteigenden Weise zu malen, die sich in schönen Sexten zufriedengibt. Breite Griffe, klingende Akkorde, weich, parallel, Schubertsche Finger, spielen mit dem Dreivierteltakt auf eine eigene und sehr private Art. Lichter blitzen in unendlicher Perspektive des Ländlers.

Der Zug wird größer. Die Spannung schlägt weite Bogen. Die Tasten besinnen sich auf ihre Mission. Der Walzer erhöht sich zu einem Gebilde tieferer und breiterer Phantasie. Beginnt mutig in E-Dur, Akkorde werfend, ziehend, schlagend. Eine über den Taktstrich gespannte Weise, erhabener Walzerstil, Vorbild Schumanns, tritt in den Kontrast. Impromptus sind es fast, von zartester Konstruktion, die sich über die Dreiviertel hinbreiten, Lyrisches, Dramatisches. Skalen wieder in flüssigem Lauf, punktierte Themen, fast im Mazurkacharakter – Mittagssonne scheint über der Landschaft. Ländler wieder juchzen vorbei – es war op. 18, Nr.1, jetzt ist es Nr. 2. Unendlicher Frohsinn, Lerchengezwitscher, Wispern der Bäume, wogende Ähren. Seligkeit der Natur, Wiesengeruch, unberührte Herrlichkeit der weiten Flur.

In den Deutschen Tänzen kommt Kraft in die Finger, Sinnigkeit in das Gemüt. Die Abwechslung der Teile wird schärfer. Aufschwung, Liebe, Tändelei, Tanz, Sehnsucht, ein Schlag, und leichtes Dahinleben, Träumerei über der Dominante, in Moll umspielt, nach der Tonika wehmütig lächelnd aufgelöst. Der ganze Zauber bunt gefädelter Schubertscher Stimmen breitet sich als Teppich unter unseren Füßen.

11. Valses sentimentales op. 50 Heft I Nr. 13

In den Vales sentimentales gibt es ein schönes Stück in D-Dur, wo die linke nicht die gewöhnliche Schaukelbewegung ausführt, sondern ihre Akkorde leicht alteriert, um der delikaten Linie der Walzermelodie auf eine äußerst anmutige Art zu folgen, die zwischen Lied und Juchzer eine schöne Mitte findet. Da auf einmal – es steht Nr. 13 darüber – beginnt die Linke eine einfache A-Dur-Begleitung, und auf dem zweiten Takt setzt eine Melodie darüber ein, es steht „zart" dazu geschrieben, die eine der berühmtesten Melodien in der ganzen großen häßlichen Welt geworden ist. Niemand kann ihr widerstehen. Sie setzt sich zusammen aus einer Phrase von vier Achteln, einer Halben und einem Viertel. Aber sie zieht diese Linie mit einer solchen Grazie über die Harmonie und unter sich selbst hindurch, daß kein besserer Schubert, auch in seinen größten Stücken, gedacht werden kann. Und ganz Schubert ist es, wie er im zweiten Teil, fein und leise, von A-Dur nach Cis-Dur hinübergeht, dieselbe Melodie in einer heimlichen Nachahmung des ersten Teiles aufatmen läßt, um sie wieder, wie nur er es versteht, mit einer leichten Handbewegung in die Grundtonart zurückzuweisen.

Unendlich sind die Verwandlungen. Wiener Damenländler: alles Picken auf 1, Tanzen auf 2 3, Hinüberziehen, Ausbreiten, groß und weit werden, und dazwischen das unermüdliche Spiel der kleinen Figuren in ihrer Maskerade zwischen zierlichem Rokoko und gefühlvollem Biedermeier. Valses nobles: Grandezza der Haltung, groß geschlagene Figuren, gespannte Akkorde, die Rechte in langgezogenen Sextoktavmelodien, Oktaven, starke Finger, kräftige Tanztöne, Volksgesundheit, und dazwischen leichtes Tändeln, wie zu Gitarrenzupfern. Ein klein wenig Traurigkeit.

Was tat Liszt? Er pflückte die Blumen und zierte damit seine Soirées de Vienne. Die Blumen sterben. Sie standen in Gottes freier Luft und wußten nichts von den Triumphen der Virtuosen. Eine Zeitlang wurden sie in dieser Verfassung einem Publikum vorgesetzt, das im Glanze des Konzertsaales ihre Herkunft vergessen sollte. Um Gottes willen! Lasset die Hände von solchen Bearbeitungen, die die Natur verfälschen. Zu wem diese Kunst in ihrer Reinheit nicht sprechen kann, für den ist sie niemals gewesen.

12. Fantaisie vierhändig op. 103

Allegro molto moderato

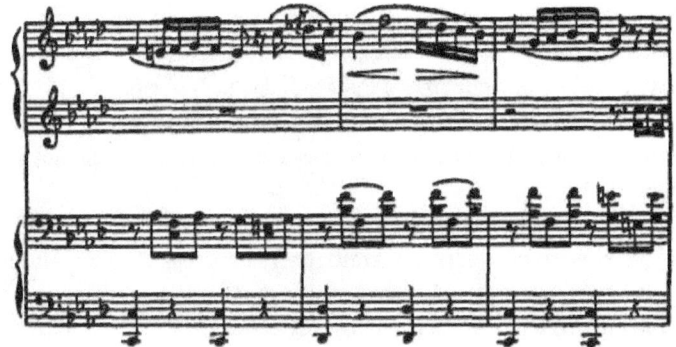

– Bisher konnte ich mich allein am Klavier unterhalten. Nun beginnt das Ensemble. Ich steige immer mehr in das Schubertsche Ensemble hinein. Die vierhändigen Stücke sind die erste Verkoppelung. Willst du oben oder unten sitzen?

– Wie Sie meinen, Herr Professor.

– Gut, dann sitze ich oben, denn ich will die Führung behalten. Schuberts Musik sieht sich von oben richtiger an. Bei Beethoven könnte man wohl das Gegenteil behaupten. Hier ist ganz Melodie. Selbst die Harmonie beginnt bei ihm schon sich melodisch zu fühlen, ein Anzeichen der Romantik. Aber fangen wir an. Wir können beim Spielen ruhig weitersprechen, unsere Beobachtungen und unsere Bewunderungen. Also setz' dich. Die F-Moll-Fantasie. Du beginnst. Ein schönes Thema, nicht wahr, mit dem punktierten Rhythmus, den er liebt. Fein, wie sich die Harmonien verschieben.

– Jetzt ist die Melodie bei mir. Ich glaube, wir haben beide die Aufgabe gleich verteilt.

– Beobachte, wie beide Stimmen selbständig behandelt sind. Begleitung und Melodie bald oben, bald unten, es ist ein wirkliches Zusammenspiel, wie von zwei Instrumenten. Schön, wie es ineinander übergreift. Jetzt D-Dur.

– Jetzt wieder Moll. Ich habe ein neues Thema. Es steigert sich. Es geht zu Ihnen über.

– Jetzt habe ich es. Wir singen es zusammen. Wie schön verteilt es sich in die vielen und weiten Stimmen, die wir beide zu beherrschen haben. Paß' auf, nun sind wir wieder am Anfang und nun noch einmal das zweite Motiv, aber in Dur, und nun paß auf, crescendo F-Dur und auf einmal Fis-Moll, das Largo beginnt.

– Wir arbeiten kanonisch. Erst Sie, dann ich, in diesen schönen kräftigen Schlägen und jetzt in dieser gesangvollen Melodie. Ein bißchen Piston?

– Das ist wahr. Aber es ist doch echt, es klingt. Beruhige dich, schon sind wir wieder im kräftigen Punktieren. Allegro vivace. Schneller! Ach, das ist herrlich. Wie sich das spielt. Das wiegt und wippt nur so und verzahnt sich und verstaffelt sich.

– Das Trio klingt fast wie Chopin schon, leicht, delikat.

– Und der Hauptsatz wieder, wie Schumann schon. Halt! Tempo I. Erstes Thema wieder. Jetzt Dur, jetzt Moll. Aufpassen, großes Fugato über das zweite Thema. Schön, nicht wahr, wie sich das spannt, wie es sich baut, wie sich das Thema umkehrt, wie es sich harmonisiert. Wir sind wieder am Anfang, wir sind am Schluß.

– Wollen wir jetzt die C-Dur-Sonate spielen? Ich erinnere mich, Joachim hat sie einmal instrumentiert; sie ist wie eine Symphonie.

– Ja, du wirst hören, man kann fast die Instrumente unter‚ scheiden. Wie groß ist sie angelegt. Wie umfassend ist ihr Bau. Fangen wir an, moderato. Schön, nicht wahr, dieses plötzliche Pianissimo E-Dur. Gut, diese Terzen, immer weiter, immer schneller, E und C. Plötzlich Cis-Moll. Wir spielen Orchester. Hörst du die Klarinette? Jetzt hast du das zweite Thema in As.

– Ich spiele Cello. Jetzt nehmen Sie es in die Violine.

– Ich mache alle Instrumente. Romantik! Dieser Vorhaltschluß, Wagner hat ihn dann populär gemacht. Kurz vor Weber sind wir. Alle steigen sie vor uns auf, die großen Vollender. Hörst du den Rhythmus Weber? Hörst du die Nachahmung Schumann? Sprechen wir einmal nicht. Genießen wir die phantasievolle Durcharbeitung ...

– Terzenschluß. Vorhaltschluß. Wirklich, ganz Weber.

– Wir wollen das Andante spielen, ohne große Überlegungen. Es ist so einzig in der Melodie, so anmutig, nicht mehr ganz Rokoko und doch verziert mit Schleifchen und Bändern. Und dieses Aushauchen, nicht wahr? Schön! Da ist gar nichts zu sagen.

– Es macht mir Vergnügen, das Scherzo zu stützen, mit gestoßenen Bässen, mit Sforzati und hinüber zu Ihnen zu hören, wie Sie mein Marcato in eine süße Wendung nach oben umdrehen.

– Paß auf, das Trio. Das mysteriöseste Stück Schuberts. Noch leiser! Noch mehr legato! Immer ziehen und schleichen. Die Bässe mit meiner Melodie und die Mittelstimme dazwischen immer synkopieren.

– Nun erholen wir uns im Vivace. Nicht leicht ist es.

– Höre nur immer auf meine Melodie, wie sie springt und lacht, und begleite mich mit Wohlwollen und Anmut. Immer geht es wieder in das Thema zurück. Dazwischen brausen wir und sind wieder ruhig und nehmen den Faden wieder auf. Jetzt sollst du auch deinen Anteil daran haben. Komm, wir beide zusammen. Munter fort, durch den Kreis der Tonarten. Schneller! Takt halten! Ein letztes Lachen in C-Dur. Zwei Triolen und zwei Halbe. Nur in C. Schluß. Ich danke.

– Was jetzt? Wollen wir alle vier Bände durchspielen?

– Wählen wir aus. Die Variationen op. 10, die er Beethoven brachte, ach, die können wir lesen. Auch die in As-Dur. Die Sonate in B, die Ouvertüre in F, das Rondo in A, es wäre nur eine Auswahl der schönsten Sachen. Aber wir wollen uns nicht zerstreuen. Das Allerschönste nehmen wir. Schlag auf, op. 144, das charakteristische Allegro, das die Verleger ‚Lebensstürme' nannten. Es ist kurz. Hier ist das erste kräftige Thema und nun das zweite lyrische. Ich liebe es sehr. Es hat einen Atem, wie wenige Schubertsche Melodien.

– Auch dies choralartige Thema klingt wundervoll. Jetzt wird es von Figurationen umspielt. Und da bildet sich ein Motiv, woran erinnert das doch?

– Ich glaube, an Barak in der ‚Frau ohne Schatten'. Strauß hat ihm absichtlich dies archaische Gewand gegeben.

13. Lebensstürme vierhändig op. 144

– Also spielen wir das Ungarische Divertissement. Wie oft habe ich es als Kind gemacht. Dies erste singende Andantethema, wie es sich in Akkorde verliert. Und dann dies Fortissimo und dies Tremolo. Es waren meine ersten naturalistischen Eindrücke. Und hier in Es-Dur diese ungarischen Schlüsse. Immer die Repetitionen des Rhythmus durch alle Tonarten weiter und die nachschlagende Begleitung und die rhapsodischen Läufe. Dann waren wir immer froh, wieder hier zu landen im Tempo I. Und dieser schöne Niederstieg in Sexten. Alle Kindheit taucht wieder vor mir auf. Ich habe es so lange nicht gespielt. Die plötzlichen Fortes und Pianos, heute begreife ich das viel besser. Und den nationalen Dur-Schluß. Und jetzt der Marsch. Wieder mit neuen und doch so ähnlichen Themen. Sie haben mich durchs Leben begleitet. Der letzte Satz war damals sehr schwer, mit den punktierten Schlagern und all den Läufchen und den Harmonien, die crescendo das ganze Klavier ausschöpfen. Ach, wie frei wirkt das heute alles auf mich, diese unendliche Fülle der Marsch- und Liedmotive, dieser unglaubliche, leidenschaftliche Rhythmus der synkopischen Akkordschläge, dieser Rausch der Tonarten und dies ausgelassene rhapsodische Spiel der Figuren. Ja, es ist ein populäres Stück. Aber es bleibt unvergänglich.

– Nun hast du dein Vergnügen gehabt. Jetzt lasse mir zum Schluß das meine. Weißt du, was ich will? Wir wollen einmal alle die schönen Märsche durchmachen, die er für vier Hände geschrieben hat. – Nicht alle. Es gibt ein paar, die so wunderschön sind, dass wir sie lieber gleich mehrere Male hintereinander spielen wollen, wenn es Ihnen recht ist.

– Mir ist es schon sehr recht, überhaupt darf man nicht zuviel Schubert auf einmal genießen. Wir schreiben ja kein Buch. Wir füllen uns mit seinem Geiste. Fang an, hier der Marsch in G-Moll. Immer staccato. Ganz trocken, dann springt die Lustigkeit erst recht hervor. Gott, wie schön ist das. Könnte ich es je beschreiben? Ich kann es nur spielen. Ja, natürlich, alle Wiederholungen mitspielen, wir können davon nicht genug haben. Sind das noch Märsche? Es sind irgendwelche Klavierstücke, wie er sie schöner nie gemacht hat. Wie das klingt, nicht wahr? Dieser eigene Klangzauber des vierhändigen Spieles, diese Klangüberraschungen!

14. Märsche vierhändig op. 40 Nr. 2, Trio

Das Trio in G-Dur. Gibt es etwas Liebenswürdigeres? Ja, das gibt es, der nächste Marsch in D-Dur, das Trio in H-Dur, nein, das ist doch das Schönste. Wie das spielt und singt in hundert frohen Stimmen. Ach, du armes Hascherl, du guter Schubert. Das hast du alles geschrieben. Und was hast du davon gehabt! Spielen wir nur weiter. Es gibt so viel Neuigkeiten in diesen Märschen und wieder Aufmunterung in den Rhythmen und Volksmelodien in den Trios, daß man nicht genug haben kann. Drei Stunden spielen wir schon. Einen besseren Schluß können wir nicht finden, als hier mit dem ersten der sogenannten Militärmärsche. Es ist ja eines der berühmtesten Stücke der Weltliteratur, und bearbeitet haben es tausend Finger. Kinder spielen es und Greise.

– Ich vergesse alles.
– Vergiß alles. Kehre zurück zu den Anfängen. Es gibt ein bißchen Takt und es gibt ein bißchen Melodie. Das Genie formt sie unumstößlich. Spiel ruhig und bedachtsam, es ist ein einfaches Stück, bei dem schon manche Menschenherzen geschlagen haben.
– Und es ist ein Marsch.
– Und es ist wirklich ein Marsch. Es beflügelt und rührt auf und hebt das Leben, das im Trio, im leichten Spiel der Sinne sich spiegelt, um in den Rhythmus des ersten Teiles mit neuem Feuer zurückzukehren.
– Noch einmal.
– Ja, noch einmal.

Bauernfeld
Nach einer Lithographie von J. Kriehuber

15. Märsche vierhändig op. 51 Nr. 1

Allegro vivace

3. Lieder

Unser Ensemble erweitert sich. Zum Klavier tritt der Gesang, zu der Musik die Dichtung. Es entsteht das Lied, das Schuberts größter Ruhm geworden ist, schon zu seinen Lebzeiten. Es gab Lieder von Reichardt, mannigfach bewegt. Und von Zumsteeg, von lyrischer Anmut. Aber alles war noch befangen in jenem rationalistischen Stil der alten Musik, die die Vollendung der Form über die Wahrheit des Details stellt. Auf der wundervollen Grenze zwischen Form und Charakter steht Schuberts Lied, zwischen Malerei und Melodie. Von diesem Punkte aus ging ein breiter, unendlich fruchtbarer Weg in diese Gattung der Musik hinein, die als intimes Bild einer kleinen Szene und als intime Aussprache vom Wort her in den Ton ihresgleichen nicht haben sollte. Es wurde die deutscheste Gattung der Musik. Schubert steht am Anfang, aber schon umfaßt er alle Möglichkeiten. Jeder Ausgleich, der zwischen Text und Gesang, zwischen Gesang und Klavier geschaffen werden konnte, ist von ihm begriffen worden. Der Frühlingsduft des deutschen Liedes liegt auf seinem Werke. Er ist damit in das Herz des Volkes eingezogen, so wie es wenigen Musikern mit wenigen Werken gegönnt war.

Unübersehbar ist der Reichtum dieser Produktion. Zirka 600 Lieder hat er geschaffen. Bisweilen drängt es sich unheimlich. Das Jahr 1815 zeigt allein an 150 Lieder. Er hat an einem Tage bis acht Stück geschrieben. Und er hat die Fassungen oft mehrfach verändert, bis sie ihm oder bis sie dem Publikum genügten. In der Wahl der Texte ist er nicht immer sehr sorgfältig. 85 Dichter kann man im ganzen zählen. Freilich hat er Goethe bevorzugt. 72 mal hat er ihn komponiert. Von Schiller zählt man 46 Gedichte, aber von seinem Freunde Mayrhofer auch 47. Wie wollen wir da auswählen? Es gibt kaum ein Lied, das uns ganz gleichgültig wäre, schon weil es von ihm ist. Wir wollen Gruppen zusammennehmen. Wir wollen irgend etwas herausnehmen, was für ihn besonders charakteristisch ist. Ich denke, vielleicht zuerst die beiden Gruppen der Müllerlieder, dann eine Anzahl Goethescher Texte, und Heine, den er zuletzt noch erfassen konnte, und endlich von den übrigen, was an Bedeutung aus der

Masse sich hervorhebt. In der Praxis unserer Konzerte wiederholen sich leicht dieselben Stücke. Manchmal hat eine Sängerin den Mut, einen unbekannten Schubert zu singen, und wir sind überrascht. So viel Köstliches ist in dieser ungeheuren Schöpfung verborgen. Aber der öffentliche Vortrag gibt andererseits dem Liede eine bestimmte populäre Prägung. Ich denke dabei in erster Linie an die Abende von Arthur Schnabel mit seiner Frau. Der Vortrag des Liedes wird ein Glück, wenn sich zwei Menschen dabei zueinander finden, die in einer einzigen Seele die Musik empfangen. Schnabels durchsichtige Romantik und klare Gestaltung am Klavier, und der herzenswarme, ganz Ausdruck gewordene Ton der Sängerin Therese sind ein Gesamtkunstwerk, das eine vollendete Wiedergeburt bedeutet, aus der Tradition der Vergangenheit in das moderne Gefühl ohne Rest hinübergenommen. An solchen Abenden lebt Schubert intensiver als in jedem Buch. Dann lebt er überhaupt erst.

Wilhelm Müller war irgendein Professor in Dessau. Er dichtete schlecht und recht. Er hatte in einer okkulten Beziehung zu seinem Namen den Zyklus von der schönen Müllerin geschrieben, harmlose Gedichte von einem jungen Müller, der in eine Müllerin sich verliebt und, da sie ein Jäger ihm streitig macht, sich in den Bach stürzt. Die Leidenschaft war etwas künstlich, und auch die Konstruktion der inneren Gefühle, besonders der Farbengegensatz von Weiß und Grün, blieb Schreibtischarbeit. Aber in der Bewegung des Ganzen, in der Parallele des Wanderns mit dem Laufe des Baches, in dem Wechsel der Stimmungen und den vielen Requisiten der Natur und der Musik lag unbedingt ein Reiz zur Komposition. Schubert fand den Band Gedichte einmal zufällig, während er einen Freund besuchte, auf dem Tisch, vertiefte sich, nahm das Buch mit und setzte sich hin. Es war 1823. Er ließ einige Gedichte weg und komponierte das Übrige als Zyklus einzelner Lieder, nicht in einem musikalischen Zusammenhang, wie es Beethoven mit der fernen Geliebten gemacht hatte. Wenn wir es durchsehen, haben wir Beispiele seiner verschiedensten Formen. Darum wollen wir es probieren.

16. Die schöne Müllerin Nr. 1 Das Wandern

‚Das Wandern ist des Müllers Lust.' Der Dichter konstruiert in fünf Strophen Parallelen vom Wasser, von den Rädern, von den Steinen. Denn er will nun einmal den Müller zu einem Wanderer machen. Der Komponist hat es einfacher. Er setzt die fünf Strophen auf dieselbe Volksmelodie, eine echte Weise des Volkes, die irgendwo auf dem Lande entstanden sein könnte, mit dem hübschen kurzen

Abschluß, wenn er das Wandern wiederholt – und den Rhythmus aller Müllerbewegungen übergibt er einer rollenden Sechzehntelfigur des Klaviers. Das ist eine schöne Einleitung. Nun hört er das Bächlein rauschen. In einer Melodie, die die ganze Flüssigkeit Schubertscher Erfindung trägt, leicht zwischen den Harmonien hindurchströmt und immer wieder bei einer neuen Wendung eine neue Linie findet, um zum Schluß doch in aller Vollendung der Form zu bleiben. Dem bewegten Gesangsbild entspricht ein festeres Klavierbild. In schwingenden Triolen zerlegt sich das Rauschen des Baches, murmelnd, wellig, plätschernd, unbegrenzt. Die Mühle erscheint. Das Klavier spielt vor. Eine Figur dreht sich wie ein Mühlenflügel. Eine gleichmäßige Nachschlagbewegung nimmt sie auf. Allmählich tritt die Gesangsstimme ein, indem sie auf dieser Kombination in einer eigentümlich süßen Ruhe den Anblick willkommen heißt. Schubert folgt immer der Einzelheit. Der Rahmen steht fest, die Zeichnung verändert sich. Die blanken Fenster, die helle Sonne, der Himmel heben die Stimme in strahlende Konturen. Das Klavier lächelt entgegen. Es kost mit jenen leichten Durchgängen chromatischer Noten, mit denen Schuberts Anmut die Linie gern koloriert. War es also gemeint? „War es also gemeint", beginnt die Danksagung. Das Klavier wird geschäftiger. Es bearbeitet eine Figur, die sich in ernster Mühe um ihre Achse zu drehen scheint. Die Stimmung wird freier. Das Klavier präludiert. Akkordschläge, Läufe. Die Stimme gestaltet zufriedene Melodien in gesetzter Form und Ruhe. Es ist Feierabend und Rückblick. Die Musik differenziert sich. Der Meister der Mühle spricht zu schweren Akkorden, fast rezitativisch, die Form scheint sich aufzulösen in den Klängen, die vom Tage herüberziehen, noch einmal versucht sie ihren strengen Sinn, aber die Stimme erringt sich das Solo, träumerisch in die Luft musizierend, nachsinnend, vom Klavier treulich bedacht, und ein kleines Epos der Stimmung ist gelungen. Die Hand ist freier geworden. Der ‚Neugierige' scheint wie ein einfaches Lied zu beginnen, graziöse Einleitung, seelenvolle Melodie, aber schon im Mittelsatz, der den Takt wechselt, die Melodie verbreitert, wo von den Wörtchen ja und nein die Rede ist, geht der Atem hoch, und losgelöst von jeder Norm schwingen Finger und Stimme in weiten, parallelen

Akkorden, um ganz dem augenblicklichen Impuls zu folgen, und nicht wieder wird der Anfang wiederholt, nichts liegt am geschlossenen Rahmen, wenn der gewechselte Takt dem Herzen alles gibt, was es zu sagen hat.

17. Die schöne Müllerin
Nr. 7 Ungeduld

Etwas geschwind

Die Höhe des Schaffens ist erreicht. Das Lied ‚Ungeduld' ist das Meisterwerk von Erfindung und Gestaltung. Schubert nimmt es wieder mit Strophen, die auf dieselbe Melodie wiederholt werden, aber wie er das faßt und baut, das wurde ein Tor, durch das Scharen von Musikern gezogen sind. Schnelle Triolen am Klavier, mit unregelmäßiger Ungeduld in den Rhythmen, ballen sich zu Akkorden zusammen, geben die Stimme frei, ausströmende Melodie auf leichten Schlägen, die vollendete romantische Linie, die sich hebt und senkt nach dem Gefühl, in einem unbeschreiblichen Wohllaut der Führung und: ‚Dein ist mein Herz', das Wort erhöht sich zu einem ewigen Ausdruck seiner selbst, breiter, höher geführt in aller Leidenschaft und eratmend senkt es sich stark und schnell mit einer befreienden, graziösen Schlußwendung. Alles ist Ton geworden. Die Worte schämen sich. Die Stimme reißt das Klavier und das Klavier zittert mit der Stimme. Es ist ein Strom musikalischer Empfindung, eingegeben von einem bisher nicht gekannten Gott.

Die überkommene Form ist erledigt. Die Zukunft öffnet sich. Das Herz hat gesiegt. Alle Regeln, in die sich das Gefühl spannen mußte, haben ihre Macht verloren. Das Lied wird sich seiner Sendung bewußt. Es hat tausend, hunderttausend Möglichkeiten der intimen Dramatik, der Gestaltung, des Gefühls, aus einem Rhythmus, einer Melodie, der verschiedenen Gefühle in der Folge verschiedener Rhythmen und Melodien, episch, lyrisch, dramatisch im kleinen Raum, wie es die Gelegenheit bringt, nur immer aus der vollen Wahrheit der Seele, die das Gedicht empfängt, um Musik zu gebären. Guter Wilhelm Müller (ich möcht mir ziehen einen jungen Star, bis daß er spräch die Worte rein und klar) – wie unschuldig bist du an dieser Wendung. Du zerlegtest deine Gefühle in saubere Rubriken, in Rinden, junge Stare, Morgenwinde und weiß ich was, aber Schubert faßte sie zusammen, über deine Worte weg, in den großen Zug seiner Musik, und führte sie weit hinauf in jene ewigen Regionen, die du auch noch nicht einmal geahnt hast.

Wo es geht und wo es nicht geht, verwendet Schubert die strophische Wiederholung. Es ist wirklich kein System. Bei der ‚Ungeduld' schadet es fast dem heftigen Lauf der Melodie, daß er viermal bei uns vorbeiziehen muß. Aber immerhin, in jeder Strophe ist dasselbe Gefühl, nur etwas variiert. Bei dem ‚Morgengruß' hätte er sehr gut die vier Strophen hintereinander komponieren können. Es wäre immer eine neue Stimmung gewesen. Er zog vor, die schlichte Melodie zu wiederholen. Und auch bei ‚Des Müllers Blumen' könnte man dasselbe sagen. Es ist im Text eine fortrückende Handlung, aber das macht ihm nichts, er setzt die schöne Melodie viermal hintereinander, und am Schluß harmonisiert er die Kadenz in einer höchst anmutigen Weise, erst gradlinig, dann gebogen auf die wiederholten Worte. Bei dem ‚Tränenregen' ist es halb und halb. Die Melodie, wie ein frühes Rocturno, entfaltet sich zart und weich, über zwei Strecken, durch ein Geplauder des Klaviers unterbrochen. Aber bei der vierten Strophe, wo ihm die Augen übergehen und es im Spiegel so kraus ward, und sie sprach: „Es kommt ein Regen, ade, ich geh nach Haus", da wird die Weise pflichtgemäß traurig und übersetzt sich in Moll, um mit einer bescheidenen Erinnerung an Dur, im schnellen Schubertschen Wechsel der Klimata, doch wieder in Moll auszugehen.

13. Die schöne Müllerin
Nr. 11 Mein

Mäßig geschwind

Das ist ein wunderschönes Stück, ein Höhepunkt in den Gefühlen des jungen Müllers, aber auch in der Erfindung seines Sängers. Er macht es schon so, daß die Kurve auf und ab geht, wie im Leben. Aber wie das so ist, die Ungeduld des jungen Burschen war nach Schuberts Meinung viel heftiger als das Glück des Besitzes. Jetzt hat er endlich sein Mädchen, aber er ist musikalisch genug, seinen Sieg nicht in leidenschaftlichen Tempi zu überstürzen, sondern mäßig geschwind beginnt er am Klavier eine entzückende, weit gegriffene Figur, in Achteln und Vierteln, mit hinübergezogenen Halben, die sich bald über das ganze System der Tasten ausdehnt, in einem innerlich zitternden Rausch des Klanges, wie Zymbeln und Harfen. Wenn er dem Bächlein, den Rädern, dem Vögelein ihre Melodien beenden heißt, weil sie mit seinem Sang nicht mehr mitkommen könnten, so ist er sich doch der Haltung seiner Melodie ganz bewußt und führt ihre Linie niemals über die Grazie einer frohen Behaglichkeit hinaus, mit reizenden kleinen Wiederholungen, entzückenden Intervallen zur Begleitung, lustigen Nachschlagen, Signalen der Naturfreude, weiten Ausladungen auf das stolze Bekenntnis des Besitzes, breit und einzeilig über die ganze Fläche des Stückes, wunderbar in den Harmonien wandelnd, im unendlichen Fluß der melodischen Einfälle und doch wieder geschlossen in den Anfang zurückkehrend, Reim der Musik, höher als aller Reim des Textes.

Pause. Leichte, improvisierte Klänge. Es ist der Gesang an die Laute, die er an die Wand hängte, umschlungen mit einem grünen Band. Nachdenklichkeiten in der Begleitung, Geheimnisse in den Harmonien. Es wird wie ein Rezitativ, sowohl des sinnenden Klaviers, als der ahnenden Stimme. Es ist so frei, wie das geschrieben ist, wenn der Nachklang der Liebespein, das Vorspiel neuer Lieder auf enharmonischen Akkorden mit mystischen Vorhalten in dunklen Verwandlungen sich im luftleeren Raum des Gesanges ausdehnt und langzieht, einmal und noch einmal, weit, weit weg von jeder Bindung der Strophe, nur Aussprache eines übervollen Herzens, und sei es auch dieses Müllers. Das grüne Lautenband wird zu einer kleinen barocken Episode. Das Grün führt zum Jäger hinüber. Die Farbenabstraktionen des Textes bleiben für den Musiker äußerlich. Er hat andere Farben für seine Kunst. Hornmusik, ins Klavier übersetzt, führt den Jäger ein. Der eifersüchtige Müller beruft noch einmal die Sechzehntel des Baches. Er macht es Schubert nicht leicht, indem er dem Bach sagt, was er der Müllerin nicht erzählen soll. Das Nicht verschiebt den Wert der Melodie. Sie soll negativ sein. Schubert bindet einen kleinen Knoten, schaltet das Nicht aus und bleibt in der Grazie der Linie, indem er das Ja nach dem Nein um so lieber tändelnd umspielt: sag' ihr, er bläst den Kindern schöne Tänze und Lieder vor, sag' ihr's, sag' ihr's, sag' ihr's. Aber was macht er mit den Farben? Die grüne Farbe wird ihm zu einer kleinen duftigen Romantik, solange sie lieb ist – zu einer großen Romantik, da sie böse wird. Die ‚Böse Farbe' ist ein gewaltiges Stück vom Haß, der in die Natur geschleudert wird. Der weiße Mann verachtet sich. Er hat heftige Visionen: junge Rufe in die Welt hinaus, totenbleiche Akzente, verzweifelte Zerrissenheiten, lärmende Hörner, Flattern des grünen Bandes und unseliger Abschied. Es war ein Stück von schwerer Ironie, ein Meisterwerk der Umstellung. Das Nein und das Ja ist aus einer kleinen Verschiebung eine Weltanschauung geworden von edelstem Schmerz. Was bedeuten noch die paar Farben des Dichters?

19. *Die schöne Müllerin*
Nr. *18 Trockene Blumen*

Ziemlich langsam

Eine reife, tiefe Ruhe ist geblieben. Es ist der Augenblick für eine der ergreifendsten Melodien, die er schrieb, die ‚Trockenen Blumen', in ihrer wehmütigen Wendung vom Moll über eine kleine zarte Stufe in Dur und immer wieder zurück in Moll, hinüber in den zweiten Abschnitt, die wunderbar zögernd punktierte Rhythmik in der Erinnerung an sie, Aufstieg der Hoffnung auf den Mai, und wieder von Dur nach Moll sich erniedrigend. Der Müller ist reif für seinen Tod durch den Dichter. Schlicht, mit einer süßen Wendung zur Liebe spricht er zum Bach. Und der Bach antwortet ihm in seinem gewohnten Laufe, in paradiesischer Anmut. Und er nimmt die Sechzehntel des Baches auf und spricht ihn noch einmal an in seinen Wandlungen des Gemütes und der Melodie. Der Bach aber singt ihm sein Wiegenlied – ein unbeschreiblicher Traum letzter Musik. Eine wiegende Weise, in kindlich frommer Demut, mit dem Klavier wunderbar verflochten, und wie ein uraltes Volkslied fünfmal wiederholt, niedersinkend in seligem Frieden. Dann aber nimmt das Meer das Bächlein auf, alles Meer, alles Leben. Und Schubert schlägt die Tasten nieder, seine eigensten Tasten, Viertel und die beiden Achtel, schwebende Harmonien, zwischen Tonika und Dominante, erhöht in Ronen und Vorhalte, niemals den Boden berührend – ein ewiges, hehres Lied, das hineinklingt bis in den Tristan. Der gute Müller in seinem Bach wurde das Opfer einer der wesentlichsten Eingebungen seines Komponisten.

Der zweite Zyklus der Gedichte von Wilhelm Müller ist die ‚Winterreise'. Schubert komponierte sie vier Jahre nach der ‚Schönen Müllerin'. Wie hat er sich entwickelt. Wieviel reicher und intensiver ist die Gestaltung in diesem Bande. Ja, der Ton ist schwermütig. Es ist die Trauer um die Freundin und die Wanderung durch Eis und Schnee. Immer ist es das Wandern. Es ist die Bindung der verschiedenen Milieus. Und keine Musik wandert so schön, wie die Schuberts. Er besitzt die Anlage nicht nur zur Lyrik sondern zu einer Folge und einer Bewegung der Lyrik, die nacheinander durch alle Stimmungen wandern und sich wandeln kann. Diese Gedichte Müllers sind besser. Es ist keine Konstruktion darin, wie früher mit dem Bach und den Farben, sondern sie sind der natürliche Ausdruck von Gefühlen, mitunter an äußere Erscheinungen geheftet, aber meist von einer gesunden und unbefangenen Sprache, die oft einen schönen, volkstümlichen Reiz hat.

Das bloße Liedersingen ist vergangen. Der Ton der einfachen Volksweise ist zu wenig. Die strophenmäßige Wiederholung in der Musik ist seltener als sonst. Die meist durchkomponierte Stimmung wird zu einem geschlossenen lyrischen Gebilde, das ebenso in der Empfindung als in der Erfindung einen bewundernswerten Wechsel zeigt.

Es ist, als sähen wir Schubert vor dem Notenpapier sitzen und seine Einfälle mit leichter Hand skizzieren, überströmt von der Fülle der Gestalten, die ihm aus dem Text in die Musik wachsen. Ein paar leichte begleitende Achtel, eine wehmütig kurz gebundene Melodie und das ‚Gute Nacht' des Wanderers singt sich im Strome der Rhythmen und Harmonien wundervoll von Herzen. Der Wechsel von Dur und Moll ist auch hier das willkommene Mittel zu einer leichten Schattierung der Stimmungen innerhalb der sich repetierenden Form. Es gibt nichts Süßeres als die Umschaltung der Mollmelodie in Dur, wenn er an ihren Traum denkt, und wieder in Moll, wenn er ihr Abschied sagt, und beides ganz zart, ganz pianissimo. Schubertsches Pianissimo, unheimliches Versenken auf den reinen Grund eines Gefühles.

Die Wetterfahne dreht sich, es ist ein Unisono in der Malerei des Klaviers und im Gang der Stimme mit der Begleitung. Wie wirklich wirkt diese Malerei mit wenigen Strichen: wie der Wind sucht und sich wendet in Figuren der Stimme auf dem Arpeggio des Klaviers. Achtet darauf, es ist wieder eine negative Stelle hier: Der Wind spielt drinnen mit den Herzen, wie auf dem Dach, nur nicht so laut. Nicht so laut: Der Komponist überbrückt die unmusikalische Negation durch eine Fermate und ein Nachsinnen der Stimme innerhalb der Linie ihrer Melodie. Doch diese Winterreise ist melancholisch genug, um einer ironischen Aufwallung nicht viel Raum zu lassen. Ihre Einheit wird kaum gestört. Die Musik gibt sich ihr mit offnen Armen hin, ohne Lächeln auf den Lippen.

Die singende Trauer der ‚Gefrorenen Tränen', diese tief romantisch bewegte Melodie, fühlt den Schmerz der Dissonanzen enger Sekunden in der Mitte ihres Weges. Die Erstarrung singt sich in breiter Melodie auf schön bewegten Triolen zu tränenreichem Bogen hinauf, in einer unbeschreiblichen Echtheit der Parallelität gesanglicher und instrumentaler Führung, findet das Geheimnis eines weichen, fast Chopinschen Dur, im Traum der Blumen auf dem Eis, und geht in großem Zuge in die Wehmut ihres Anfanges wieder zurück.

20. Winterreise
Nr. 5 Der Lindenbaum

Der Lindenbaum schwingt seine Blätter in einer Periode sechs süßer Triolen, mit einem reizenden Augenaufschlag danach. Das Klavier malt diese Versöhnlichkeit. Die Stimme singt wie ein altes Volkslied von dem Brunnen vor dem Tore, wo ein Lindenbaum steht. Das Klavier folgt in schlichter Nachzeichnung. Das Klavier erhebt sich zu einer geschwungeneren Begleitung, wie Hornklang aus der Natur. Das Klavier greift die Triolen des Lindenbaumes wieder auf und bringt sie in dunklere Schatten, wo die kalten Winde blasen. Die Lindenfigur dehnt sich malerisch aus, sie folgt der Empfindung, sie schweift chromatisch durch die Schauer der Erinnerung. Der Dichter sagt: „Der Hut flog mir vom Kopfe." Der Komponist macht ihm den rechten Vers dazu. Und das Stück schließt sich im Kreise zum Anfang zurück, denn die Malerei ist nicht die Herrscherin der Form, sondern nur Beleberin ihrer Innenzeichen. Unvergeßlich ist dieser Lindenbaum eingezogen in die Musik, Mutter aller Baumlieder deutscher Romantik. Man liest die Worte und ist erschüttert von der Vision der Musik. Was sind Zeiten, was sind Richtungen? Der Auftrieb der Vision bleibt immer derselbe. Manchmal wollte er es nicht, manchmal beschränkte er sich auf die Linie des Gesanges, ohne landschaftliche Vision. Die Wasserflut vermeidet alles, was die bloße Linie der Melodie überströmen könnte.

Der Fluß ist gefroren. Den Musiker reizt nicht mehr die bewegliche Figur seines Laufes. Auf einfachen Akkorden hebt die Stimme an; wo sie vor seiner Stille steht, sinkt sie plötzlich in ein mystisches Moll, noch leiser als sonst, ppp, die tiefste aller Versenkungen, die Schuberts Lied uns verrät. Das Klavier übernimmt die Weise des Gesanges. Es fühlt ihm nach. Ein seltener Fall. Es spiegelt den Menschen und es erregt sich in seiner Bewegung so innerlich vibrierend, wie es einst der sommerliche Fluß äußerlich tat. Der Winter treibt die Gefühle nach innen. Die Landschaft spiegelt nicht unmittelbar. Sie beantwortet das Gefühl wie in einer Erinnerung, wie in einem Selbstbewegen, einem Lebendigwerden aus Eis und Erstarrung in dem dunklen Mitgefühl mit dem Menschen. So kommt starke Phantasie in die Distanz zur Natur. Die Blätter des Lindenbaumes waren abgefallen. Sie säuseln in der Erinnerung an frühere Zeiten. Die Zweige in den kalten Winden täuschen die Vision vor. Und der Fluß wird ebenso lebendig unter dem Eise. Erkennst du nun dein Bild? Ob's unter seiner Rinde wohl auch so reißend schwillt?

Ob Sommer, ob Winter, der Musiker reißt seine Empfindung in den Strom der Töne und zwingt die Natur, ihm mittelbar und unmittelbar zu antworten. Wie hastig läuft die Melodie des Rückblickes über die Sechzehntel, als wollte sie immer schnell noch ihr Ende verkürzen. Da reizt das Irrlicht wieder zur Malerei in fliehenden, flackernden Figuren. Da kommt die stockende Rast auf schwer bewegten Akkorden. Da kommt der Frühlingstraum.

21. *Winterreise*
Nr. 11 Frühlingstraum

Frühlingstraum! Was mittelbar, was unmittelbar! Überlegt es der Komponist? Er durchbricht ja doch das Eis und die Winde zum Bach und zum Lindenbaum und ist erlöst, wenn der Dichter ihm hilft, mitten im Winter von bunten Blumen und grünen Wiesen zu träumen. Wie ein Zauber blüht diese frühlingshafte Melodie empor, und die Vögel wetteifern, mit ihr zu singen. Aber ach, es ist ein Traum. Schon zieht das Klavier die Stirn in Runzeln, schon zaudert die Stimme, von Schreck zerrissen. Die Eisblumen am Fenster mahnen: zweimal in langsamen Mittelsätzen, nein, sie behalten das Schlußwort, einmal wuchs noch der Frühlingstraum dazwischen, das zweite Mal ist er schon tot.

Der Schauer der ruhigen Luft mitten in aufregenden Stürmen, das Bild der eiligen Post, mit dem Schwung des Herzens über den trabenden Akkorden, das phantastische Gesicht des weißen Kopfes, eine Improvisation, halb rezitativisch, der Flug der Krähe zwischen Klavier und Stimme über flatternde Sechzehntel gezogen, die

Schubert im Kreise seiner Freunde
Nach einer Originalzeichnung von M. v. Schwind, Schubertmuseum, Wien

Zerrissenheit der Musik der letzten Hoffnung, fallende Blätter und wundersüß aufsteigender Schmerz über dem Grabe, auf einmal das Geräusch des lärmenden Dorfes, nicht leicht zu musizieren im Gegensatz der Stimmungen, das kolossale, kurze Gemälde des stürmischen Morgens, die Täuschung des freundlichen Lichtes, so glücklich eingefangen in ein Spiel der Frage und Antwort zwischen Stimme und Klavier, der Wegweiser, immer wieder neue Aufgabe für die Phantasie Schuberts, an einem äußeren Zeichen neue Kreise lyrischer Ergebenheit und tonlicher Gestaltung schwingen zu lassen – wie wunderbar nutzt er den Weiser, der unverrückt vor seinem Blick steht, aus zur Konsequenz des wiederholten Tones in einem Gemälde der Musik, das wie irgendein Stück begann und wie ein Gebet tiefster musikalischer Demut endet.

Welche Leistung! Kann das Wort nur annähernd diesen Gebilden folgen, von denen jedes die einzige Form seiner Offenbarung gefunden hat? Was ich spreche, ist Oberfläche, Geschäftigkeit, Eile und schwacher Nachklang, schon gegen das Gefühl, das ich von diesen Stücken in mir trage, und ganz und gar erst gegen die Stücke selbst. Wie liebe ich die letzten vier Lieder der ‚Winterreise', wie kann ich meine Liebe dem Leser mitteilen, der mich sofort schlägt, wenn er gegen meine Worte mit einer Freundin zum Klavier geht und die Originale sich mit ihr in ewig lebende Wirklichkeit umsetzt.

Er spielt das Wirtshaus. Er spielt vor am Klavier, sehr langsam, diese echt Schubertschen Akkorde einer unvergänglichen deutschen Romantik. Und sie folgt ihm im Gesang, indem sie die Melodie erst zum Liede erhebt, zu den lieben Worten: „Auf einen Toten aber hat mich mein Weg gebracht, allhier will ich einkehren, hab' ich bei mir gedacht". Es ist nie auszukosten, wie sich diese Melodie im Kreise ihres Charakters entfaltet, biegt, aufrichtet und zurücksehnt. Und dann erholen sie sich in dem Stücke, das ‚Der Mut' heißt, so kräftig und forsch in der Bindung und Staffelung der Stimmen, und so heiter und froh, wenn es dann nach Dur geht, lustig in die Welt hinein, wie Schubert sonst nirgends in der ‚Winterreise' – aber der Mollschluß muß wieder ans Ende. Und dann erscheinen die Nebensonnen: die große Prophezeiung Webers, in der ganzen Wärme der gefühlvoll geschwungenen Melodie, in der ganzen Seligkeit der immer wiederholten Vorhaltskadenz, die die Terz herunterlächelt, Zeichen aller Romantiker, sooft bei Schubert schon gepriesen und immer wieder neu und frisch, weil sie eben von ihm erdacht und geliebt worden ist. Dann aber zum Schluß der Leiermann. Sie können sich nicht genug tun. Sie haben es schon sooft gemacht, aber immer wieder bewundern sie die unglaubliche Einfachheit der Zeichnung, die so viel Gefühl und Anmut in sich schließt. Sie haben es immer gesagt und sagen es wieder, und ich sage es noch einmal: Dieses Lied ist da, als ob es nicht ein Mensch geschaffen hätte, es ist da wie Erde und Baum und Wiese, und ist Natur geworden im Bereich der Kunst. Was machte Schubert? Er läßt die Linke den Brummbaß des Dudelsackes spielen und die Rechte dazu eine volkstümliche, traurige Melodie von rührend kurzem Atem. Und der Dudelsackbrummer geht weiter bis zu Ende und die Stimme singt dazwischen, kaum begleitet, das Lied vom Leiermann, das Lied vom Künstler und vom leeren Teller. Und manchmal hebt es sich ein bißchen und verziert sich ein klein wenig, aber im ganzen bleibt es dasselbe Wesen, der Brummbaß, die Schalmeienmelodie und die Stimme des Gesanges, die Stimme Schuberts, die Stimme seines Lebens, sein Bekenntnis, ganz einfach, ganz leer im Raum, ganz wahr und ganz traurig – „Wunderlicher Alter, soll ich mit dir geh'n,

willst zu meinen Liedern deine Leier drehn?" In der Stille der
bloßen Stimme erreichen die Worte unser Ohr.

22. Winterreise
Nr. 24 Der Leiermann

Nie waren sie so guter Volkston. Nie hat Schubert so wenig nötig
gehabt, dazu zu tun. Dies Wenige war alles.

Nun suchen wir einige Lieder nach Goethe heraus. Es ist doch
kein Zufall, daß Schubert sich gerade an ihm aufgerichtet hat. Als er
sein op. 2 schrieb, das Gretchen am Spinnrade, kam er zuerst in die
musikalische Atmosphäre, die die fruchtbarste in ihm wurde. Aber
ihn hat nicht nur der frühere Goethe angeregt, er ist auch dem
späteren treu geblieben, er hat den ‚Westöstlichen Diwan' nicht
weniger glücklich komponiert, als den ‚Faust'. So schwierig es war,
Goethe und Schubert im Leben zusammenzubringen, so innig sind
sie verbunden durch das Werk.

Dies Gretchen am Spinnrade ist sofort ein populäres Lied gewor-
den und ist es geblieben. Es steht in voller Reife am Anfang seiner
Arbeit, es offenbart den Schubertschen Ton gleich in der ganzen
Entzückung und in der ganzen Breite des nachfolgenden Gefühles.

‚Meine Ruh ist hin' – es war ihm ein willkommenes Wort, immer wieder anzuknüpfen, immer wieder in die geschlossene Form zurückzukehren. Natürlich nimmt er die Bewegung des Spinnrades zum Motiv der Begleitung. Diese Sechzehntel schnurren durch das

23. Gretchen am Spinnrad op. 2

Nicht zu geschwind

ganze Stück unter der Stimme einher, um nur an einer Stelle unterbrochen zu werden, wo sie von seinem Kuß spricht: es ist der natürliche Gipfel der Komposition. Diese Komposition ist meisterhaft disponiert. Wenn das Komponieren ein Erfinden des einheitlichen Musikbildes ist, und das Disponieren wieder ein Auseinanderlegen in eine wohlgeordnete Gliederung, so hat Schubert die Vereinigung dieser beiden Tugenden, die sein größtes Lob war, hier auf eine mustergültige Art erreicht. Wie sich die Empfindung Gretchens gegenüber Faust im Text und in der Melodie parallel steigert, wie sie sich auf den Harmonien so selbstverständlich entfaltet, wie sie zum Crescendo wird und beim Kuß auf einem reizenden Septimenakkord eine wundervolle Fermate bildet – das ist heute wie je musikalische Gestaltung, von der wir kaum noch verstehen können, daß sie in ihrer Unbefangenheit einmal neu und epochal war.

Und können wir es beim ‚Erlkönig' besser verstehen? Er geht als op. 1 durch die Welt, ein erstes Werk der Gattung des deutschen Liedes, unvergänglich, unübertrefflich in der Sicherheit des musikalischen Blickes und der Organisation. Wieder übernimmt das Klavier das Milieu. Die Triolen zittern im Schauer der Landschaft. Rollende Bässe bewegen die Luft. Viele Personen sprechen: der Dichter, der Vater, der Sohn, der Erlkönig. Je nach der Sprache modifiziert sich das Klavier. Bei Vater, Sohn und Dichter behält es die ursprünglichen Triolen, je nach der Situation variiert und harmonisiert, bald voller, bald leerer, bald zögernder, bald drängender. Beim Erlkönig erleichtert sich die Triole zu schneller, verführerischer, tänzelnder Walzerbewegung oder durchbrochenen Liedakkorden. Beim Schluß steht das Räderwerk still. Rezitativisch singt die Stimme das tragische Ende. Alles das wäre wenig, wenn es nicht in einen so natürlichen Fluß des Vortrages gebracht wäre, daß die Lichter und Schatten gleichsam nur leicht auf einer Fläche spielen, und alles Dissonante, alles Isolierte, alles Neckische, jede harmonische Farbe, selbst auf die Gefahr der Inkonsequenz hin, wenn der Erlkönig zuletzt sogar in die Triolenwelt des reitenden Paares gewaltsam einbringt – wenn das nicht alles so organisch sich abwickelte, wie es nur Musik kann.

24. Erlkönig op. 1
Erste Fassung

Darf ich kurz auf die Vielseitigkeit anderer Goethelieder hinweisen? Ich scheue mich vor der Analyse und der Aufzählung. Aber ich scheue mich auch, irgendetwas zu übergehen, das für das geistige Bild Schuberts bezeichnend wäre. Ich bin ja kein Musiklehrer hier, ich soll sein musikalisches Porträt zeichnen, alle die Züge, die wichtig sind für seine künstlerische Erscheinung, für sein Fortleben in unserem dankbaren Gedächtnis. Ahnt man denn die unendliche Fülle der Gestalten, die aus dem Werke seiner Lieder emporsteigen? Alle Register singender Menschlichkeit hat er zum Ertönen gebracht. Um bei Goethe zu bleiben: die ‚Meeresstille', dieser große, breite Zug der klingenden Stimme, nichts weiter als klingende Stimme über langen, arpeggierten Akkorden im stillen Glanz ihrer tiefempfundenen Architektur. ‚Heidenröslein': dieses Wunder eines nachempfundenen Volksliedes, das inniger und schlichter nicht hätte aus der Erde wachsen können. ‚Erster Verlust': wie empfindungsvoll legt sich die schöne Melodie über die herzlich gegriffene Begleitung, wie erhalten altgewohnte Akkorde und Figuren eine neue Sprache der Seele, und wie rührend klingt der Durschluß der Stimme im Mollschluß der Begleitung ab.

Immer wieder anders berührt uns sein Wesen. Der ‚König von Thule': welche zarte Mischung aus Sage und Volkston, ein ganz klein wenig exotisch und doch harmlos, als wäre es immer so gewesen. ‚Wer nie sein Brot mit Tränen aß': wie führt ihn der Text auf unbekannte Wege, das träumerische Improvisieren des Klavieres, die schmerzvollen Septimen des Gesanges, die Feierlichkeit der Akkorde, wenn es ins Leben hineingeht und der Arme schuldig wird, schuldig auf Moll, und dann die schöne Gelegenheit, wenn alle Schuld auf Erden sich rächt, die Stimme im Bogen hochzuführen und die Worte ungestört zu wiederholen, um der Musik ganz den Schluß zu geben, den das Klavier in nie geahnter Wehmut, fast unaufgelöst, ins Bodenlose sinken läßt.

Die späte ‚Suleika' öffnet ihm wiederum neue Wege. Textliche Stilisierung hindert ihn nicht am Fluß seiner gewohnten Eingebung. Ehe noch die Stimme beginnt, steht ihm der Rhythmus des musikalischen Laufes fest im Sinn. Die frohe Kunde, die der Ost hier bringt, wird ihm Bewegung von süßer Leichtigkeit, von nachhängender Träumerei, in die die Worte sich wie von selbst einfügen, bis der Schlußteil sie auf eine langsamere Wirkung zurückdrängt. Die Genialität, mit der ein abstrakterer Inhalt in den Takt eines ausdrucksvollen Gefühles hineingeleitet wird, ist nicht geringer als die Erfindung aller sprießenden Volkslieder. Man kann dasselbe von dem anderen westöstlichen Gedicht sagen, das sich ‚Geheimes' nennt. Staunenswert, wie Schubert diese bedeutungsschweren Worte auf den leichten Rhythmus eines Zweivierteltaktes setzt, wie in kurzen Flügelschlägen, wie Scherzo, wie geheimer Reigen, ganz Atem und Licht, ganz Luft und Gebärde, und doch wie alle Suleikalieder bestickt mit Innenzeichnung voll Zierlichkeit, Abwechslung und Steigerung.

‚An Schwager Kronus': Vorspiel zu Wagner. Es ist der heroische, der gewaltige Schubert, den man nicht vergessen darf, trotz aller Anmut. Es waren die Elemente, die er herausgebildet hätte, wäre er am Leben geblieben. So bildete sie die Zeit heraus. Die Romantiker hörten diesen Ton und formten daraus ihre Arbeit. Es wäre schon als Klavierstück das gewaltige Gemälde einer rollenden Fahrt unter die Erde. Es ist Kraft und Stoß und Schwung darin, und starke Akzente rütteln schlechte Taktteile auf. Es geht hinauf in das Pathos schwerer Akkorde, die sich feierlich übertreffen, gehalten von Schwert- und Siegmotiven. Nibelungenwelt kocht darinnen. Im Fluß aller Schubertschen Koordinationen ist die liebliche Stelle des Mädchens, des heiteren Augenblickes, des schäumenden Trankes, eingesetzt als Kontrast und Verzögerung vor eine noch elementarere Wiederholung der blitzenden Tongewalten, der trabenden Punktierungen, der heldischen Trompetenstöße, die die Stimme durchdringend durch den Wogenwall der malerischen Musik fast rezitatorisch frei deutet.

‚Ganymed' soll genannt sein als eine Bekundung der Schubertschen Tugend, eine Folge von Stimmungen, eine Reihe von Bewegungen musikalisch zu illustrieren. Die geistige Potenz ist hoch. Schon ist etwas von Hugo Wolf vorgezeichnet. Bald folgt die Stimme ihren rein musikalischen Trieben, bald breitet sich die Begleitung in einer reinen Genußfreude eigner Gestaltung aus, und schließlich finden sich beide Begierden zusammen. Auf diesem Wege, der zwischen Stil und Erfindung, Geistigkeit und Malerei verläuft, sprießen wie von ungefähr in Melos und Akkord Blüten auf von einer Neuheit der Form und Farbe, daß die Zukunft sich noch an ihnen nähren kann.

‚Über allen Gipfeln ist Ruh'. Das Genie reizt sich an den wenigen Zeilen. Das Klavier spielt die Schubertsche Bewegung vor. Die Stimme nimmt sie auf, als sänge sie ein Lied. Aber schon wird es Sprache und Stimmung. Die Stimme spricht. Sie bildet die Melodie aus dem Tonfall, aus den Interpunktionen der Worte. Das Klavier schleicht synkopisch. Die Rhythmen finden sich wieder zusammen. „Warte nur, balde ruhest du auch". Es wird der schlichteste Tonsatz, der möglich ist. Leiser Klang leisester Worte. Die Stimme geht zur Ruh, das Klavier folgt. Es war ein kurzes, intensives Musikbild, je enger, desto meisterhafter.

Die sechs Lieder, die Schubert über Heinesche Texte komponierte, gehören zu seinen glücklichsten. Daß ihn der Dichter besonders reizte in seinem Hang, sich volkstümlich zu geben, ist ja klar. Aber daß er durch Heine angeregt worden wäre, einen freieren dramatischen Stil zu gewinnen, eine Vorstufe zur deutschen romantischen Oper, das kann man nicht zugeben. Gewiß hat Schubert eine Entwicklung gehabt, aber nur in der Intensität, nicht in der Ausdrucksform. Der dramatische Ton des Liedes ist ebenso in frühen Jahren zu beobachten, wie die geschlossene lyrische Form auch in späten Jahren bleibt. Gerade das letzte Lied, das er geschrieben hat, die ‚Taubenpost', ist formal absolut nicht weiterentwickelt, als ähnliche Scherzandi seiner jungen Jahre.

Der ‚Atlas' gehört zu den schmerzvoll lastenden Gesängen. Unglück und Stolz, die dem Klavier eine finstere rhythmische Untermalung überlassen, um die Stimme darüber in einer freien Linie zu führen, die nur dem Wechsel des Ausdruckes und der Wirkung folgt. ‚Ihr Bild' ist zurückhaltender in der sparsamen Benutzung weniger wirksamer Akkorde und Modulationen und geleitet die Stimme gern in einem Unisono mit dem Klavier, das die Trostlosigkeit des Erlebnisses nur durch den Traum der heimlichen Erinnerung in der Mitte des Stückes in eine leichte Wärme umsetzt. Das ‚Fischermädchen' neigt sich der alten Liedform mehr zu. Es wird eine reizende Barkarole, auf wunderbar schaukelnden Akkorden, schwimmend durch die Entzückungen aller Enharmonien, und läßt die Melodie in einer feinen südlichen Melancholie unser Ohr schmeicheln.

25. Das Fischermädchen

Die ‚Stadt' wurde eine seiner geistreichsten Malereien. Der Text gibt ihm die Vision der Stadt mit ihren Türmen, die am fernen Horizont wie ein Nebelbild in Abenddämmerung gehüllt erscheint. Er wagt es, mit verminderten Septimenakkorden, die auf tremolierenden Bässen gespenstig auf und ab wogen, die Stimmung zu zeichnen. Der Gesang selbst tritt auf schweren, punktierten Akkorden ein. Dann mischt er sich rezitierend in die Septimenfigur, um in der ersten Form wieder auszuklingen, worauf das Klavier mit den Septimen allein bleibt. Es ist eine einzige Mischung von Malerei und Lied, von Form und Impression. Nicht unähnlich ist ‚Am Meer' komponiert. Das Klavier beginnt hier mit lastenden Harmonien, die kurz das Milieu notieren. Da das Meer weit hinaus glänzt, beginnt die Stimme einmütig mit dem Klavier die süße, nachdenkliche Melodie. Da schlägt es ins Dramatische um, auf den Tremoli des Klaviers steigt der Nebel, schwillt das Wasser, fliegt die Möwe, und die Tränen fließen auf schmerzlichen Vorhalten zurück in die reine melodische Linie, worauf das Spiel vom Anfang an wieder beginnt, mit einer Schlußwendung in formaler Kadenz, so wie sie noch

Brahms in Demut und Ergebenheit an das Ende seiner Lieder setzt. Das Klavier aber schließt dies kleine geschlossene Drama mit denselben mystischen Akkorden ab, mit denen es begann.

26. Am Meer

Der ‚Doppelgänger' umschließt in einer einfacheren Form ein ähnlich stimmungsvoll dramatisches Bild, nur ohne die größeren Kontraste. Die ‚Stille Nacht' gebärt leis schleichende Harmonien, über denen die Stimme sich langsam belebt. Erinnerung wird zu einem Echo, das das Klavier der Singstimme nachempfindet. Da das Grauen aufwächst vor dem Spiegelbild der eigenen Gestalt, verdicken sich die Harmonien in furchtbare Dissonanzen und in schroffe Modulationen. Und wieder schließt es, als wäre es nur ein Lied gewesen mit einer Wendung, deren formaler Charakter Versöhnlichkeit ist. Das sind die Heinelieder. Ja, sie sind ein Resultat aller Gänge, die Schuberts Phantasie genommen hat. Sie vereinen in sich alle Hingebung an die Melodie, wie auch an die Wahrheit. Doch lassen sie keine der beiden Richtungen zum Schaden der anderen auslaufen. Ihre Klassizität beruht in dem unverrückbaren Gleichmaß des Charakters und der Schönheit.

Nun möchte ich den Leser bald aus dem Reiche des Liedes entlassen. Ist es ihm zuviel geworden? Mir wird es nie genug. Will man in Schuberts Auge sehen, so suche man es durch die Lieder. Schließlich sind sie sein letztes Bekenntnis. Sie sind die Form, die ihm verliehen wurde, in der Intimität groß zu sein, und in der Größe fein und anmutig. Probleme der Musik hat er in ihnen gelöst, die sonst auf den Feldern liegen bleiben, nicht recht gesät und nicht recht geerntet. Es ist ein Wald, durch den wir wandeln. Viele bekannte schöne Stellen laden uns ein. Ein andermal sind wir überrascht, Offenbarungen zu finden, die wir nicht ahnten. Frühlingssehnsucht. Es ist eines der Rellstabschen Gedichte, die in seine letzte Sammlung, den sogenannten ‚Schwanengesang‘, aufgenommen wurden. „Säuselnde Lüfte, wehend so mild" – durch wie viele seiner Lieder streifen sie, nirgends zarter und luftiger gefaßt, als in diesem kleinen Meisterwerk flüssig-heiterer Gestaltung. Immer fließt es am Texte entlang, und kommen Fragen, Stillstände, Erinnerungen, so hält es in gütigen Harmonien ein wenig Ruhe, um den Fluß dann nur noch angenehmer um uns spielen zu lassen. Bewegung und Ruhe, Natur und Seele, unendlich sind die Formen, in denen sie sich zusammenfinden. Aber das ‚Ständchen‘ Rellstabs – wer weiß noch, daß es von Rellstab ist? Diese Melodie ist so berühmt geworden, daß man kaum noch weiß, daß sie von Schubert ist. Etwas ganz Besonderes fiel ihm da ein. Wie auf Gitarrenbegleitung, etwas Spanisch, schwärmerisch, verliebt, und doch so elegant: man gleite am Bau dieses Liedes entlang, man betaste seine Glieder, seine Schwellungen, seine Geheimnisse; begreift man das Wunder?

27. Ständchen

Mäßig

Der ‚Wanderer' erscheint wie ein langsamer Erlkönig. Triolen, Kurven des Basses, rezitativische Stimme. Aber er entwickelt sich anders. Seine Seele enthüllt sich in dem Mittelsatz, in jenen paar Zeilen Melodie, die ein Wahlspruch Schuberts wurden in der Verdichtung romantischen Sehnens. Weiter geht es durch belebte Strecken, schneller wird es in der Erregung der Gefühle – und plötzlich senkt es sich wieder in die Langsamkeit zurück, auf den schleichenden Triolen erinnert sich die Stimme. Diesmal stand die Bewegung in der Ruhe. Unendlich sind die Kombinationen. Bewegung in der Ruhe tiefster Art ist ‚Der Tod und das Mädchen'. Der Tod holt sich von Schubert die immer geliebten, von ihm so sehr schmerzlich erkannten, langsam schreitenden Akkorde, die Halbe mit den zwei Vierteln, Todesakkorde, die ihn bis in die Kammermusik verfolgten. Das Mädchen fleht ihn dazwischen an, sie sei noch jung, er solle sie nicht berühren, es sind zwei Zeilen ganz kleiner dramatischer Aufregung, die der Tod wieder verschlingt, der Tod, schreitend in immer denselben Aktorden, immer weiter durch die Stimme und über das Klavier allein, ewig zu hören im langen Atem der Schubertschen Töne.

‚Dem Unendlichen' – die Klopstocksche Feierlichkeit bringt in die Welt des Liedes durch ihn zuerst die hehre Romantik Wolframs. ‚Des Sängers Habe' – Nibelungentöne. ‚Im Frühling' – welche schlanke Grazie schlenkernder Rhythmen. ‚Abendbilder' – die alte Figur des Lindenbaumes erweitert sich zu einer langgesponnenen Stimmung voll tiefster Heimlichkeiten. ‚Der Zwerg' – ich kannte es nicht, ich hörte es von Lula Gmeiner, ich geriet in eine Entzückung dramatischer Visionen, die aus gleichgültigen Dingen eine tiefste musikalische Intuition zauberten. ‚Die Forelle' – und wieder stehen wir an der Grenze der Kammermusik, die dies schwimmende, plätschernde Motiv aus dem Liede heraus in die absolute Musik steigert. Ja, bald sind wir bei der Kammermusik. Schon verschleiert sich unser Auge vor der Leibhaftigkeit des gesungenen Textes, Worte schwinden, Inhalte verlieren sich, die absolute Macht der Musik beginnt wieder uns zu überströmen. ‚Der Einsame' – wir erkennen eines der vielen neckisch hüpfenden Stücke, moment musical, zufällig mit Worten. ‚Hymne an die Jungfrau' – die selige Melodie des Ave-Maria. Ist sie für Stimme oder Streicher geschrieben? ‚Du bist die Ruh' – die absolute Schönheit der Melodie, dieser in die Weltgeschichte eingegangenen Melodie, überstrahlt ewig künstliche Worte Rückerts. ‚Auf dem Wasser zu singen' – was schimmert und wogt mehr, die Unruhe des Klaviers oder der Stimme in diesem rauschenden Trubel hüpfender Sechzehntel? ‚Die Allmacht' – wir erlösen uns in den hohen Stil des Oratoriums, von leisen Lieblichkeiten untermischt, Worte, deutsch oder lateinisch, nichts sind sie als die Träger einer erhabenen Empfindung, die die Elemente der Tonalität aufruft, breit und groß, mit ausgestreckten, reinen Händen, die unvermischte Heiligkeit Gottes zu feiern. So legt sich das Wort dem Musiker zu Füßen.

28. Die Allmacht

4. Kammermusik

Intime Naturen müssen zur Kammermusik neigen. Sie ist nicht durch Worte entweiht, wie der Gesang, und sie hat nicht die große Prätension eines Orchesters: Sie dirigiert sich selbst. Die Spieler sind nur die Differenzierung einer einzigen Seele, die sich in verschiedenen Instrumenten ausspricht. Sie müssen zusammen fühlen, um musizieren zu können. Aber sie fühlen nicht, wie Sänger und Begleiter in verschiedenen Gattungen der musikalischen Sprache, sondern in einer und derselben Gattung, die sich nur zerlegt in die unterschiedenen Werkzeuge des Klanges. Je benachbarter diese Instrumente sind, wie im Streichquartett, desto vollkommener ist das Ensemble in der verschiedenen Einheit und einheitlichen Verschiedenheit. Tritt das Klavier zu den Streichern, so treten zwei Welten sich gegenüber: die Harmoniewelt des zerrissenen Tones, die melodische Welt des gebundenen. Was da an Einheit verloren geht, wird durch die Möglichkeiten des Kontrastes ersetzt. Doch wird die letzte Feinheit, die letzte Zuflucht des Komponisten vor der Trivialität der Darstellung immer in der edlen Abstraktion des Streichquartetts ruhen.

Schubert ist in diesen Dingen aufgewachsen. Er hat von früh an die Gelegenheit, Kammermusik zu hören und zu probieren. Zu dem intimen Reiz der Gattung kommt die Leichtigkeit der Aufführung. Er kann, was er schreibt, schnell zu Gehör bringen und kontrollieren. Er ist nicht abhängig von Liebe und Haß eines Sängers, sondern seine Arbeit ist gegründet auf dem soliden, zünftigen und kontinuierlichen Wesen einer Kammermusikvereinigung, die Persönlichkeit genug ist, ihm Interesse entgegenzubringen, und doch wieder so unpersönlich, daß sie den Begriff Pflicht kennt.

Schuberts Kammermusik schöpft fast den ganzen Reichtum der Gattung aus. Wo das Klavier dabei ist, versieht er den Gegensatz zu den Streichern mit aller Genialität durchzuführen und aus der Natur dieses Instrumentes alles Akzentuierende, alles Passagenhafte zu entwickeln, das die Streicher nicht nur ergänzt, sondern auch in den weiteren Bereich eines Musikbildes aufnimmt. Die Streicher

Joseph Lanner
Nach einer Lithographie von J. Kriehuber

wiederum sind sich stets ihrer Eigenart in Lage und Ton bewußt, gesättigt von der ganzen Kultur und Technik, die die damalige Übung ihnen zuerkannte. Das Wesentliche bleibt immer die Vielgestaltigkeit des Ensembles, von dem man ebenso sagen kann, daß es irgendeine musikalische Idee in die verschiedenen Sprachen der Instrumente übersetzt, als daß es aus der Art dieser Instrumente Gestalt und Gang des Musikstückes bildet – besonders merkwürdig bei der strophischen Wiederholung der Themen, die je nach der Zahl der mitwirkenden Instrumente doppelt oder dreifach stattfindet. Doch dies ist es nicht allein. Dazu kommt der Klangzauber. Die Intuition des Schubertschen Gehörs findet rhythmische und harmonische Kombinationen zwischen Klavier und Streichern und zwischen den Streichern unter sich, die unbekannte Geheimnisse der Tonverbindung und Tonlage unseren entzückten Sinnen darbieten. Niemals ist Virtuosität dabei. Die primäre Stellung der ersten Violine, die das Streichquartett in seinen Anfängen kennzeichnete, ist überwunden. Jede feudale Ordnung ist erledigt zugunsten einer demokratischen Gleichberechtigung der mitwirkenden Spieler, die im Gegenteil allen Reiz darin erblicken, sich die Melodien nach ihrer Ausgiebigkeit gegenseitig zu überlassen, nach ihrer Art abzuwandeln und je nach dem Gang des Stückes sich darin zu vereinigen. Auch der Inhalt der Stücke hat sich deutlich von dem formalen Prinzip der klassischen Zeit entfernt. Er hütet sich vor jeder Theorie. Er liebt keine Themen, die sich darauf beschränken, nur musikalische Substanz darzustellen. Die Themen haben immer noch gleichsam eine zweite Bedeutung, eine seelische Beziehung, einen landschaftlichen Hintergrund, eine Erinnerung an Volkslied und Volkstanz, kurz, sie sind romantisch, sie sprechen, sie haben eine Gebärde, einen Willen zum Ausdruck innerer Vorgänge und Gleichnisse.

29. Sonate Klavier mit Violine op. 137,1
Letzter Satz

Die bekannten kleinen Sonaten für Klavier und Violine op. 137, 1-3 sollen die Arbeit en miniature zeigen. Beobachten wir die Verteilung der Themen. Alle Möglichkeiten sind erschöpft, in denen sich erste Themen einführen. Der Beginn der ersten Sonate ist so, daß das Klavier und die Violine unisono das erste Thema zusammen spielen. In der zweiten Sonate beginnt das Klavier allein ein ausgesponnenes Thema, das dann von der Violine unter Begleitung des Klaviers in einer veränderten, knappen Fassung aufgenommen wird. In der dritten Sonate beginnen wieder beide Instrumente unisono ein thematisches Vorspiel, das dann zuerst vom Klavier in einer liedmäßigen Fassung ausgeführt wird, um vom Baß des Klaviers mit der Violine zusammen gleich in das zweite Thema übergeführt zu werden. Die erste Sonate ist also schematischer in der Form, die zweite und dritte freier, aber die dritte dabei eine Vermittlung der ersten und zweiten Art.

Doch solche formalen Dinge werden uns wirklich wenig beschäftigen, wenn wir Schuberts Eigenart lieben. Der Bau dieser Sonaten mag nach den Regeln der Kunst mehr oder weniger streng vor sich gehen. Es ist die Lieblichkeit der Einfälle, die Eleganz der Führung, die Überraschung einer plötzlichen Harmonie, die uns immer wieder am stärksten bezaubert. So niedlich das Format dieser Werke ist, so steckt doch der ganze Schubert darin, in der Leichtigkeit, mit der die Themen ineinander übergehen, in der Anmut, mit der sie verbunden werden, in dem bescheidenen Stolz und dem schüchternen Gefühl, die die Crescendi und Ritardandi machen. Unermüdlich laufen ihm die Melodien über die Saiten. Ein Espressivo auf der Violine über Pianissimoakkorde des Klaviers, wie in der Mitte des langsamen Satzes der D-Dur-Sonate; dann dieses neckisch dahinfliegende Rondo als Schlußsatz in einer unglaublichen Vielgestaltigkeit der Bewegung, oder die Verzahnung der Themen in der A-Moll-Sonate, dieser schöne Gesang des Andante mit den Ausatmungen der Violine, der behende Schlußsatz der A-Moll, Rondo immer wieder in aller zierlichen Wiederkehr des Themas, der großartige Aufschwung des Andante in der G-Moll-Sonate, der alles Figurenwerk in ein elementares Musikbild gewaltig ausgreifender Harmonien einschließt, der lustige Volkston im letzten Satz – so eng der Rahmen ist, Violine und Klavier können sich kaum reichhaltiger aussprechen, als die Phantasie ihnen hier schon erlaubt. Doch das ist erst der Anfang.

30. Klaviertrio op. 99. Erster Satz

Das Klaviertrio in B-Dur findet zu seinem Beginn die drei Instrumente zu einer präzisen Aussprache des Themas beisammen. Violine und Cello bringen es unisono, dieses männlich kräftige, naturwüchsige, hornartige Thema, und das Klavier gibt den Rhythmus dazu mit geschlagenen Achteln, die von punktierten Bässen belebt werden. Die Violine wischt das Thema in einem Sechzehntellauf nach unten, und das Cello antwortet in einem Sechzehntellauf nach oben. Damit ist die Idee ausgesprochen. Sie wiederholt sich sofort eine Tonstufe höher in C-Moll, bis die Streicher sich bewogen fühlen, in ihren Stimmen ein wenig auseinander zugehen. Damit ist die Auflösung des Themas beschlossen. Noch beteiligt sich das Klavier nicht daran. Es gibt nur Rhythmus. Aber Violine und Cello werfen sich das Thema gegenseitig zu, bis sie nur noch seine Gebärde übrigbehalten, die schnell das Klavier übernimmt, um sie in einer passagenhaften Gestaltung hinunterzuleiten. Die Streicher laufen das Getriebe umgekehrt von unten nach oben chromatisch durch, was wiederum das Klavier aufnimmt, bis man endlich bei dem ursprünglichen B-Dur angelangt ist. Worauf das umgekehrte Spiel beginnen kann: Das Klavier hat das Hauptthema und die Streicher die Begleitung. Wie normal ist der Verlauf dieses Beginnes. Mit einer Klarheit, die die Musikfreudigkeit nur steigert, ist die Verteilung und Abwandlung des thematischen Gehaltes im Charakter der verschiedenen Instrumente und im Auf und Nieder der tonlichen Bewegung vorgenommen. Wir sehen so ein Stück wie ein kleines Drama an. Es ist nicht mehr das leichte Spiel der Sonatine, sondern mit einem schweren symphonischen Gewissen treten die Instrumente sich gegenüber, tragen sich ihre Gedanken vor, vertauschen sie untereinander und führen dabei jenen eigentümlichen rhythmischen Tanz auf, der auf den Terrassen der Harmonien die Linien der Melodien miteinander und gegeneinander ordnet.

Sehen wir einmal zu, wie Schubert hier sein zweites Thema einführt. Das Klavier ist in seinem chromatischen Lauf solo auf einem A angelangt, das es abhebt, um es dem Cello zu überlassen, das nun seinerseits dieses A weit ausgespannt dahersingt, ganz allein, das hohe A, und noch dreimal es nachtropfen läßt, um dann mit ihm pianissimo eine F-Dur-Melodie zu beginnen, die das Klavier mit gebrochenen Akkorden begleitet, eine wahrhaft Schubertsche Melodie, erst die Sext hinunter- und hinaufschwingend, dann ebenso die Septime, dann in einer süßen Figur kadenzierend – und schon steigt die Violine darüber und wiederholt das Thema unisono mit dem Cello und führt es weiter in einem wunderbaren Schwung über die Akkorde, und es gleitet entzückend wohlig hinab, worauf es das Klavier zum dritten Mal übernimmt und noch in einem größeren Bogen zur Beruhigung führt. Die Bewegung ist gegeben, die Streicher frohlocken in ihr, das Klavier setzt sie in schärferen Akzenten hinein, und bald ist die Wendung erreicht, in der man zum Anfang zurückkehrt, aber Moll wird es, es wird die große Durchführung erst mit dem ersten Thema allein, dann mit dem zweiten dazu, ein immer gedrängteres Spiel dieser Rhythmen und Melismen, bis das

Klavier in einer stolz punktierten Phrase zur letzten Energie ruft, noch ein Suchen, pianissimo, durch die Instrumente, durch die Tonarten, und endlich ist der Anfang wirklich wieder erkämpft, der Kreis geschlossen, das Klavier hat das Thema, das einst die Streicher präludieren mußten, es hat es jetzt fest und der erste Satz rollt sein Schicksal zu Ende.

Das Andante dieses Trios ist ganz auf einen barkaroleartigen Rhythmus gestellt, halb Wiegenlied, halb Gondellied, den das Klavier zuerst anzugeben hat, damit er im Ohre bleibt. Nach zwei Takten erst beginnt das Cello mit der Melodie. Sie ist von einer unsagbar träumerischen Weichheit. An wiederholten Stellen senkt sie sich auf süß verminderte Akkorde, wie auf ein nachgebendes Kissen. Die Violine übernimmt diese Weise, während das Cello unter ihr weiter musiziert. Es entsteht jene ewig dankbare Polyphonie singender Stimmen, die sich gegenseitig zur Schönheit reizen. Auch das Klavier versucht später diese Melodie mit seinen Mitteln sprechen zu lassen. Aber was kann es geben gegen die Streicher? Es sind nur trockene Umrisse, die die Streicher doch wieder mit ihrem Gesang füllen müssen. Und bald zieht sich das Klavier auf seine Begleitung des schaukelnden Rhythmus zurück, über der die Streicher nur noch enger ihre Melodien singen. Da, im Mittelsatz, findet das Klavier seinen Weg. Es konkurriert nicht mehr mit den Streichern. Zu einer neuen synkopischen Bewegung, die es teilweise selbst unterstützt, streut es Girlanden schnell kolorierter Figuren mit einer oder mit beiden Händen aus. Aber die Streicher lassen es sich nicht nehmen. Sie mischen sich in diese Kolorierungen ein und aus Rhythmus und Figur entsteht ein unendlich reich gezeichnetes Bild auf- und abschwingender Stimmfäden.

Ich will Teile dieses Dramas herausheben, Szenen, in denen eine besonders interessante Verflechtung der Führungen eintritt. Das Scherzo dieses Trios ist von einer Beethovenschen Behendigkeit in der Jagd der Stimmen. Und das Trio dieses Scherzos ist von einer Schubertschen Walzerfreudigkeit, in der er uns ganz auf seine beste Seite bringt. Das letzte Rondo aber ist ein Feuerwerk von Volksmelodien, das einen reizenden launischen Abschluß dieser ganzen dramatischen Entwicklung bedeutet. Violine und Klavier beginnen mit einer neckischen Spielerei, in die das Cello plötzlich, wie lachend, einstimmt. Das Klavier faßt die Hände, alle drei tanzen den Reigen. In einem purzligen Unisono bleiben sie stehen. Die Violine trällert, das Klavier tanzt. Auf einmal hören wir über den heruntergleitenden Tremoli des Klaviers eine ganz sonderbare Melodie, wie das Schlenkern von Armen, das Lallen von trunkenen Stimmen, halb slawisch, halb ungarisch, aus einem exotischen Klima, so sonderbar in der Haltung, daß es gar keine richtige Begleitung dazu zu geben scheint, außer diesem Nachzittern des Klavieres. Aber schon ist es wieder gut. Der Tanz dreht sich. Die sonderbare Melodie kommt wieder, diesmal umgekehrt verteilt. Die Unisoni machen halt. Stücke des ersten Themas fliegen durch die Luft, die Violine kündigt etwas an: Es kommt, in drei Halben, ein ungewöhnlich gebogener Rhythmus, mit weitem Atem, großen Schritten, und aller Phantasie in den drei Instrumenten. Dann geht es wieder zurück. Die alten Themen werden durcheinandergeworfen, auch die Takte, Zweiviertel und Dreihalbe, und als ob es nie zu Ende gehen könnte, dreht es sich immer wiederholt im Kreise, springt und singt, bis ein schleuniges Presto die ganze Geschichte wegwischt. Das zweite Klaviertrio in Es-Dur steht dem ersten an Bedeutung nicht nach. Diese beiden Stücke gehören zu den wichtigsten Arbeiten Schuberts. Sie sind aus seiner intensivsten Zeit, 1827, und zeigen ihn ebenso in der unbedingten Herrschaft über die Technik, als in der letzten Wahrheit seines Ausdrucks. Ich weiß nicht, ob das erste Trio oder das zweite romantischer ist. Sie sind es beide ganz in ihrer landschaftlichen Dramatik. Ich weiß nicht, ob das erste Trio, wie Schumann sagte, weiblicher und das zweite männlicher ist. Sie sind beide eine wunderbare Mischung stolzer und zarter Empfindungen. Vielleicht ist das zweite noch echter in jenem Schubertschen Wesen, das sich von den Formeln der klassischen Epoche frei macht für die Hingabe an die volkstümliche Musik, die aus den Rhythmen und Liedern der Erde Puls und Atem findet. Das erste Thema von op. 99 war unbedingt landschaftlicher als das formale erste Thema von op. 100. Aber das zweite Thema jenes Trios war wieder instrumentaler als der Rhythmus dieses zweiten Themas, das ganz in der Wonne Schubertschen Tanzes den Boden stampft. Unglaublich reich ist der

Fluß der Motive im zweiten Trio. Sie geben nicht so sehr der Forderung eines struktiven Baues nach, als der leichten Welle der Phantasie, die aus der Welt der Töne immer wieder neue Wendungen zaubert. Vielleicht ist ein schimmernder, unwägbarer Zusammenhang zwischen Teilen der Themen. Aber sie betonen ihn nicht, sie leben ihr eigenes Leben, weit hingestreckt durch das Feld der Instrumente und voll des Duftes ungewohnter Harmonien. Sie kennen kein Maß darin und loben ihre eigne Existenz, seitenlang, in immer neuen Variationen und Wiederholungen.

31. Klaviertrio op. 100

Das Andante des Es-Dur-Trios wurde ein besonderer Satz. Eine Volksmelodie, man sagt eine schwedische, liegt ihm zugrunde. Sie ist fein und zart in der Stimmung und von einer sehr schönen Linie in der Entfaltung ihrer Teile, bis zu dem hochgewölbten und leicht kadenzierten Schluß. Sie sitzt auf einem Rhythmus von nachdenklich schleichender Bewegung, mit eigentümlich schlingenden Forzati und Punktierungen. Das Cello trägt sie zuerst vor. Sie ist lang, so wiederholt sie die Violine nicht gleich, sondern das Klavier spielt sie nach, und beide Streicher haben die Begleitung, die zuerst das Klavier angegeben hatte. Bald erweitert sich das Bild. Wie eine Kette von Refrains schlingt es sich zwischen den Streichern. Das Klavier akkordiert dazu. Der Rhythmus braust, und über Arpeggien dreht man zum Anfang zurück. Ein Stückchen Thema taucht wieder auf. Aber schon greift die balladeske Hand nach weiteren Harmonien. Wie in einem Liede von Schubert, das um eine einfache Weise blutiges Schicksal malt, dehnt sich die Symphonie der drei Instrumente zu einer gewaltigen Landschaft aus, die ins Riesengroße wächst. Dann wieder Besinnung, wieder Liedthema, eine Vignette und Schluß.

Ich übergebe das vielfach kanonische Scherzo mit der tollen Rhythmik seines Mittelsatzes und die freundliche Rondobewegung des letzten Teiles mit seinem unendlich lustigen Repetierthema und allen anderen Freundlichkeiten dem Wohlwollen des Kammermusikers, der, sei es am vielfingerigen Klavier oder an der hellen Violine oder am sonoren Cello, niemals satt werden wird, die Szene der Schubertschen Regie mit derselben Ausführlichkeit durchzuspielen, mit der er sie selbst gestaltet hat. Aber dies Andante liegt mir schwer am Herzen. Es kommt ein Augenblick, da die Worte vor der Musik lahm werden. Immer wieder kommt solch ein Augenblick bei der Beschreibung guter Musik. Ich lese sie, während ich schreibe. Es geht immer so lange, bis sie einen Punkt in mir getroffen hat, wo sie ruht in der ganzen Bedeutung ihrer absoluten tonlichen Existenz. Dann ist mir Schuberts Geist am nächsten. Dann lege ich die Feder hin und warte.

Das Klavierquintett von Schubert, für Klavier, Violine, Bratsche, Cello und dem in dieser Umgebung seltenen Kontrabaß, ist unter dem Namen ‚Forellenquintett' berühmt geworden, weil er für einen Satz das Thema aus dem Forellenliede benutzte. Aber etwas von dieser freundlich ländlichen Stimmung ist auch auf die anderen Sätze übergegangen. Er hat es auf dem Lande geschrieben und es atmet den Duft der Natur. Es ist ein harmloses, einfaches Stück, das sehr viel gespielt wird, weil es dankbar und eingänglich ist. So bedeutend, wie die Klaviertrios ist es nicht. Schubert läßt den Strom der Musik fließen, frei hingegeben dem Einfall und der Phantasie, und er hat die souveräne Technik, ohne viel Grübelei und Gelehrsamkeit, das Spiel der Töne auf die fünf Instrumente zu übertragen. Die Themen des ersten Satzes sind einfach, liedmäßig, sangbar und freundlich und sind eingesponnen in ein Weben der Figuren und Passagen, laue Lüfte der Natur. Die Stimmen singen, helle Läufe flechten sich hindurch, Triller frohlocken, Vorhalte markieren kleine Sehnsüchte. In der Durchführung drängt es sich ein bißchen, aber klar disponierte, tänzerische Rhythmen sorgen für einen guten Weg. Liebliche Melodik blüht im langsamen Satz, freundlich unterbrochen von synkopischen Aufschwüngen, die den Reigen der Stimmen wienerisch führen. Wienerisch ist die ganze Atmosphäre des Stückes, Walzerluft streicht durch das Scherzo.

32. Forellenquintett op. 114

Nun erscheint das Forellenthema. Es ist ein eingeschobener Satz, so daß dieses Stück statt vier fünf Sätze hat, eine damals recht ungewöhnliche Erscheinung. Schreibt Schubert einmal bloß zwei Sätze, so spricht man leicht von etwas Unvollendetem. Schreibt er fünf, so regt man sich weiter nicht auf. Der Forellensatz ist ein System von Variationen. Immer fällt es uns heute etwas schwer, diese rein äußerliche Abwandlung eines Themas, das sich verschiedene Kostüme hintereinander anzieht, mit zu empfinden. Aber es ist im Spielcharakter der alten Musik begründet. Nichts ist geschehen, als daß Schubert ein Thema liebgewonnen hat und es nach den Regeln der Kunst ausmalt. Psychologisch darf man dazu sich nicht stellen. Diese interessante Krankheit kam erst später über die Musik.

Das Forellenthema selbst wird zuerst in den vier Streichern gebracht, zu denen das Klavier schweigt. Dann tritt das Klavier hervor mit einer leicht umspielten Variation des Themas, und die Streicher begleiten. Allmählich erkennen wir den inneren Zweck der Variation. Sie gibt der Virtuosität Raum, eben weil sie unpsychologisch sein darf. Schon brilliert die Violine über der Bratsche, die das Thema führt, vom Klavier sekundiert. Schon brilliert das Klavier über den Bässen der Streicher, die das Thema übernommen haben. Und der Rausch der Variation erfaßt bald alle fünf Instrumente, die das Thema in Moll umlegen und in ein gewaltiges Meer von Tönen ausfließen lassen. Bald variieren die Streicher in freierer Form die Mollerinnerung des Themas, vom Klavier plätschernd umspielt. Da geht es wieder zurück in Dur, da greift die Violine das Originalthema auf, da begleitet sie das Klavier wie eine Singstimme, mit derselben hüpfenden Figur wie im Liede, das Cello wiederholt das Thema, die Violine die Klavierfigur, der zweite Teil vollzieht sich in derselben Abwechslung, und der Schluß zerfließt in der Wasserfigur der Begleitung.

Das Finale krönt diese ganze Heiterkeit mit einem lustigen Arrangement von Tänzen, die zwischen dem Wiener und dem böhmischen Stil eine entzückende Mitte finden, mit einer reizenden Frechheit durch alle Instrumente verteilt, immer wieder von vorn beginnend. Sie schließen den Reigen Hand in Hand.

Zahlreich liegen die Stücke der Schubertschen Kammermusik herum. Jenes Rondo für Klavier und Violine, merkwürdig in seinen Modulationen und Rhythmen, jenes frühe Klaviertrio, das erst vor kurzem durch einen Zufall wieder entdeckt wurde, jene reichhaltigen Streichquartette aus der Jugendzeit, in denen der Meister erst heranwächst. Gelegentlich hören wir dies oder jenes aus der Reihe des festen Bestandes heraus, sind ergriffen von der Liebenswürdigkeit jeder Zeile und jeder Wendung, die er uns hinterlassen hat, aber kehren doch schließlich immer wieder zu den Wesentlichkeiten zurück, in denen seine Kunst ihr ewiges Bild geformt hat. Das Klavier tritt nun beiseite. Es hat in der Kammermusik seine beherrschende Rolle gespielt, indem es zu den Streichern vermöge seiner breiten Harmonie die feste Substanz einer gesammelten Musik gab. Die melodischen Instrumente bleiben übrig. Das reine Streichquartett konstituiert sich, jene wundervollste Gattung der absoluten Musik, in der alles auf das Ensemble melodischer Stimmen ankommt, aus einem abstrakten Geiste geschaffen, Chor der Saiten. Das Quartettschaffen von Schubert gipfelt in drei Werken, die zu den ewigen Emanationen musikalischer Erfindung gehören, weil in ihnen, und zwar jedesmal anders, eine geschlossene Welt kammermusikalischen Baues in unerbittlicher Vollkommenheit entstanden ist.

33. Streichquartett A-Moll op. 29
Erster Satz

Das A-Moll-Quartett ist das leichteste. Es spielt harmlos und anmutig mit seinen frohen Themen. Es ist unglaublich feingliedrig. Welch ein Anfang! Bratsche und Cello haben einen ausgeprägten, stoßenden Baßrhythmus. Die zweite Violine hat darüber einen schleichenden, gebrochenen Akkordrhythmus in begleitenden Achteln. Die erste Violine, nachdem sie dieses Spiel sich zwei Takte lang angehört hat, trägt die Melodie, wohlig atmend, süß bewegt. Eine Triolenfigur und Trillerakzente geben die Brücke zum zweiten Thema, das in Dur eine freundliche Ergänzung bildet. Die Durchführung läßt keines dieser Motive aus, kein rhythmisches und kein melodisches, um sie angenehm zu verflechten. Welches beruhigte Bild gewährt solche Partitur. Sie ist wie eine Landschaft anzusehen, mit starken Stämmen der Bässe, Zweigen der Mittelstimmen, Blüten der Oberstimme, doch so, daß sie kaum ein Oben und Unten kennt, sondern in der Spiegelung der Motive eine Einheit findet, in der alle Musik die Natur übertrifft.

34. Streichquartett A-Moll op. 29
Zweiter Satz

Kein Motiv hat Schubert sooft benutzt. Zuerst kam es in die Rosamunde, dann in das Andante dieses Quartetts, dann in die Impromptus für Klavier. Und man muß sagen, es ist auch so Schubertsch, wie irgend möglich, sowohl in seinem behäbig tänzerischen Rhythmus, als in seiner duftenden Melodik. Was er hier in dem Quartett daraus macht, ist unbeschreiblich. Nachdem das Thema festgestellt ist, webt und schlingt sich die Bewegung immer weiter, in einer unermüdlichen Schmiegsamkeit der melodischen Linie und der harmonischen Farbe. Es äugt wieder hervor, das Originalthema, es fragt die vier Stimmen, und es beginnt seinen zweiten Lauf zu einer gesteigerten Sechzehntelbewegung. Es breitet die Arme symphonisch aus. Es besinnt sich noch einmal auf seine urwüchsige Form und nimmt Abschied in einer rührenden, rhythmischen Beteiligung aller Stimmen.

Es ist die alte Erfahrung, man kann sie in allen Büchern bestätigt finden, daß wir beim Beschreiben Schubertscher Musik die ersten beiden Sätze genauer in Worte umlegen, als die letzten. Es liegt nicht an Schubert, es liegt an der Fähigkeit der Sprache, den Baulichkeiten dieser Sätze mehr abzugewinnen, die sich beschreiben lassen, als der einfachen Führung eines Scherzos, das mit dem Kontrast des Trios sein Wesen erledigt, oder eines Finales, das in leichter und fast regelloser Mischung hübsche Lieder und Tänze koordiniert. Das Menuetto des A-Moll-Quartetts ist eine der entzückendsten Wienereien, die Schubert geschrieben hat. Man muß sie hören, um zu schwelgen: dieses Tirilieren auf einem Ton, dieses Juchzen auf der Saite hinauf, diese schelmischen Nachschläge, diese verschämte Ländlerei im Trio. Und nicht anders der letzte Satz. Gewiß ein wenig ungarisch gefärbt. Durchsichtig bis zum Unisono. Und dann wieder gesättigt in einem Vollklang der Stimmen, der durch eine raffinierte Führung der Mittelinstrumente erreicht wird. Dieses hüpfende erste Thema, dieses punktierte zweite, und immer wieder die neckische Rückkehr, verspielt, wie suchend, wie irreführend, symphonisches Ausladen und wieder Einziehen in den Schritt des über alles beliebten Tanzes, den Schubert noch zehnmal wiederholen könnte, und es wäre uns nicht genug.

35. Streichquartett D-Moll
Erster Satz

Das zweite berühmte Quartett steht in D-Moll. Es ist viel ernster und großartiger. Es hat zum Hauptmotiv den Rhythmus eines Schlages nach einer Triole, und darum hat es manche Leute irgendwie an Beethovens C-Moll erinnert und sie haben darin ein Schicksalslied erkannt, scheinbar bestätigt durch die Variationen über ‚Den Tod und das Mädchen' Aber man muß nicht zu weit gehen. Es wäre bequem, mit Worten die Schicksale zu zeichnen, die der Held dieses Quartetts auszustehen hatte. Worte fliegen uns leicht zu, wenn wir die Musik hören, wenn wir zufällig einer Aufführung des Quartetts beiwohnen, einen Tag, ehe wir darüber zu schreiben haben. Schon glauben wir die Sprache meistern zu können, in der wir Musik wiedergeben. Aber es ist schon so: schreiben wir wirklich, so erlahmt dieses schnelle Wort, erlahmt um so mehr, je musikalischer die Musik ist, je unprogrammatischer Schubert ist, dessen Ziel nicht die Bedeutung, sondern das Wesen der Musik ist. Wie vielgestaltig entwickelt sich das Triolenmotiv im ersten Satz. Es lebt in den Kreuz- und Querzügen der Stimmen, es streicht hoch und nieder, miteinander und gegeneinander durch die Partitur, es legt sich als

M. v. Schwind, Kleinstadt
Nach einem Gemälde

Rhythmus dem zweiten Thema unter, das in friedlich schlenkerndem Gesang zu beginnen scheint, um bald in schmerzvollen Konturen und in drängender Polyphonie die Triolenwelt dieses rhythmisch ganz durchwachsenen Satzes einzufärben. Der Satz ist eines der größten Gedichte Schuberts. Ein Organismus sondergleichen in Bewegung, Führung, Aufklang und Abklang am Schluß, eine Einheit der Erfindung, aus einer unfaßbar tiefen Intuition.

Die Variationen des zweiten Satzes über das Motiv aus dem Liede ‚Der Tod und das Mädchen' stellen uns wieder kaum vor das Problem eines seelischen Inhaltes. Seele genug liegt in der Entwicklung einer Musik, die durch alle Wandlungen hindurch, durch das Spiel ihrer Kräfte, durch die Verzauberung ihrer Details in langsam nachlassender Bewegung zum schlichten Thema wieder zurückkehrt. Dies Ereignis ist rein musikalisch. Die Wahl des Themas geschah aus Liebe zu dieser Musik, nicht aus versteckten Operngelüsten. Hat Wagner bei Mime an das Scherzo dieses Quartetts gedacht? Es hat sein Motiv, sogar zwei Motive aus Mimes Welt. Aber der Zusammenhang liegt in der Erfindung, nicht in der Bedeutung. Was hier und was dort daraus wird, ist etwas ganz anderes. Gemeinsame Motive gibt es in der Musikgeschichte, wie im Werk des einzelnen Komponisten. Schubert selbst dichtet oft in verwandten Wendungen, deren Berührungen durchaus nicht absichtlich sein müssen.

Einen Blick noch auf das Presto des D-Moll-Quartetts: Ein Satz, so leicht wie er ist, doch von einem ähnlichen Organismus wie der erste, da sein Rhythmus, dies rustikal hüpfende Motiv, in einem Atem durch das ganze Stück geht, wo es unisono daherrauscht, um plötzlich in Akkorde auszutanzen, wo es zur Begleitung wird für ein Dreiachtelmotiv, das selbst wieder ausschwärmt, um neue Melodien zu tragen. Spiel und Tanz in Ewigkeit.

36. Streichquartett G-Dur.
Erster Satz

Fünfzehn Streichquartette gibt es von Schubert. Das letzte, das G-Dur, übertrifft sie alle an orchestralem Glanz. In diesem Stück liegt die Ahnung von Schuberts Zukunft. Hier erkennen wir, in welche Gegenden er gestiegen wäre, wenn ihm ein weiteres Leben beschieden worden wäre. Die vier Instrumente tragen fast schon zuviel.

Eine Gewalt der Vorstellung bricht in ihnen aus, die sie selbst schaudern macht. Wer ist noch müde und wer zaghaft, wenn er diese Schleier sich heben sieht, über Geheimnisse, die selbst die Romantik nicht ahnte? In zehn Tagen hingeschrieben, öffnet die Musik Wege, die niemand übersehen konnte. Keine Symphonie Schuberts hat solchen Gehalt aufnehmen können. Welche Freiheit in der Anfangsgebärde. Welcher Schwung in den punktierten Motiven, scharf auf Dur und Moll gesetzt, ein Wechsel, der sonst nur ein süßes Geständnis war. Schaurige Tremoli ziehen über die Saiten. Ein Motiv, aus dem Wiener Tanz gewonnen, breitet sich in elementarer Dämonie aus. Synkopen stoßen im zweiten Thema, das erst spät das Cello melodisch zu heben wagt. Nichts steht fest im Wirbel der Leidenschaft. Themen zerreißen sich. Modulationen verwechseln sich. Der Schluß dreht den Anfang um. Der langsame Satz beruhigt wohl das Tempo, aber nicht die Dimension des Ausdrucks. Die Melodie wird unterbrochen von düsteren Akkorden, punktierten Verzweiflungen, und unerhört im Sinne damaliger Harmonik, wilde Schreie lösen sich aus der Tonalität heraus. Gespenstisch ist der dritte und vierte Satz daraufgesetzt. Pochende Motive huschen durcheinander, von einer kleinen Walzerseligkeit im Trio besänftigt. Die instrumentale Führung durch die fauchende Motivenwelt des letzten Satzes ist unnachahmlich. Es jagt sich bis zur Fratze der Atemlosigkeit. Und es bleibt Musik bis in den Wert der höchsten dreigestrichenen Note und der kleinsten Pause.

Einen Schritt weiter in der Instrumentation, jedoch nicht in der musikalischen Qualität, gehen wir beim Streichquintett für zwei Violinen, Bratsche und zwei Celli. Es ist eine alte Gewohnheit, daß die Musik sich in dem Quartettsatz am intensivsten und edelsten ausspricht. Quintett ist schon Ausnahme und Luxus. Wie das Mittelalter fünfstimmig fühlte, fühlen wir heute vierstimmig. Es ist uns die schärfste Spannung der Stimmlagen. Es erschließt alle Möglichkeiten der Stimmführung und der Stimmgrenzen. Umso bewundernswerter ist die Meisterschaft, mit der Schubert die fünf Stimmen seiner Streicher führt, in einer so instinktiven Kenntnis des Klanges und der Kombination, daß nirgends eine Leere entsteht. Es ist ein Reigen der führenden und begleitenden Instrumente, den zu beobachten unendlichen Genuß bereitet. Im Gewebe des Tonbildes ist es ein Aufkommen, ein Niederhalten, ein Schmücken, ein Nachahmen, ein Warten, ein Sichfinden zum Unisono oder zum vielstimmigen Ensemble, daß die Faktur mit Notwendigkeit in den fünf Stimmen aufgeht, nicht aus Verdoppelungen gewonnen, nicht aus Verlegenheiten gefüllt, sondern fünffach gesehen und gefunden auf den ersten Blick. In dem wundervollen Adagio, das in Zwölfachteln geschrieben ist, ganz breit und weit und behaglich und gefühlvoll, hört man das erste Thema von der zweiten Violine und der Bratsche zwischen Füllungen gelegt, und hört das zweite Thema in seinem hohen Schwung von der ersten Violine und dem ersten Cello getragen, farbige Bänder in dieser unglaublich fein ziselierten Ornamentik der schmückenden Stimmen – Arbeit war der erste Satz, Ruhe in Landschaft ist der zweite, Trubel ist der dritte, diesmal von einem seltsam langsamen Trio unterbrochen, Kunstgewerbe ist der vierte, ungarisch gefärbt, slawisch gefärbt, eine kostbare Imitation von Stimmen, Reflex von Tonarten, heiterste Freiheit einer sicher schaltenden Hand, letztes Spiel, um des Spieles willen. Zweiundzwanzig Jahre blieb das C-Dur-Quintett verborgen, bis es in die Übung der Menschen wieder eingesetzt wurde.

Das Oktett hat kaum ein besseres Schicksal erfahren. Es wurde für den Grafen Troyer geschrieben, einen Amateur der Klarinette, und der große Schuppanzigh spielte damals die erste Violine. Dieser führte es noch einmal öffentlich auf, und dann schlief es, bis es Hellmesberger 1861 als Novität herausbrachte. Wenig hat Schubert die Bläser in seine Kammermusik eingestellt. Hier fügte er zu dem Streichquintett die B-Klarinette, das Horn in F und das Fagott. Es gelang ihm ein Werk von weit ernsterer Haltung, als Beethovens Septett gewesen war. Eine langsame Einleitung bringt schwer lastend das Material an Motiven herbei, das dann bearbeitet wird. Der punktierte Rhythmus wird der Charakter des ersten Satzes, von oben beschwerend, von unten ziehend, in Formen des Vorhaltes, der Sexte, der Oktave, ein weitmaschiges Spiel der Takte und Melismen, das in dem retardierten Nachruf des Hornes abklingt. Das langsame Thema gehört der Klarinette, die fast durch den ganzen Satz eine herrschende Stellung einnimmt, nur selten abgelöst von der ersten Violine, die sich mit dem Horn verträgt, während das Fagott in seinem melodischen Anteil beschränkt bleiben muß. Alle Künste der Instrumentation entfesselt das Scherzo, das uralte punktierte Rhythmen immer neu ins Leben wirft. Und wieder entsteht ein Variationssatz, der der Virtuosität aller Instrumente, selbst ein bißchen des Kontrabasses, erwünschte Gelegenheit bietet. Das waren schon vier Sätze. Auch dieses Stück ist übervollendet. Noch hören wir ein Menuett als Erholung des Geistes und dann erst erwartet uns der sechste, der letzte Satz, der sich diesmal nicht gestattet in ein Rondo oder Potpourri von Tänzen auszuarten, sondern eine sehr gewichtige und ernste Haltung beibehält, langsame Einleitung voller Erwartungen, ein bewegtes Allegrospiel scharf gefügter, symphonischer Motive, in hundert Stellungen, Wiederholungen, Umdrehungen, und noch einmal erhebt das Andante seine mahnende Hand, dann eilt das Allegro seinem konzertanten Ende zu und die kleine Symphonie der acht Instrumente hat sich durch alle Gattungen und Tempi ausgelebt. Der Kreis der Kammermusik ist geschlossen. Wir stehen vor dem Orchester.

5. Symphonien

Wie ist nun Schuberts Stellung zur Symphonie? Bisher haben wir ihn kennengelernt als den Meister der kleinen Formen oder der wenigen Instrumente. Das Orchester scheint einen größeren Maßstab zu verlangen. In seiner Zeit war die Symphonie schon die dimensionalste Ausdrucksform der absoluten Musik, ein Bekenntnis des Innenlebens, ein Zeugnis der Tiefe. Wie hatte sich diese Form entwickelt? Sie war hervorgegangen aus dem Rationalismus des achtzehnten Jahrhunderts, der seine scharfe Disposition besonders über den ersten Satz legte. Die Melodie hatte sich zum Thema kristallisiert. Es gab ein erstes und ein zweites Thema und manchmal auch ein drittes oder viertes. Sie standen in verschiedenen Tonarten zueinander. Dann kam die Durchführung, die die Themen gegeneinander kontrapunktierte oder ineinander tonal zerlegte. Und dann kam die Wiederholung des ersten Teiles, mit so verwandelten Tonarten, daß man im Hauptton wieder schließen konnte. Eine solche Anordnung war die unbedingte Logik eines Organismus, der mit festen Themen, festem Tonartenzirkel und fester Gliederung arbeitet. Schubert blieb darin gefangen. Seine romantische Sehnsucht konnte sich nur auf die Belebung des melodischen und harmonischen Materials beziehen, den Rhythmus konnte er volkstümlich lieben, die Durchführung nicht zu gelehrt machen, bei der Reprise sich nicht zu streng an die Wiederholung der Tonart binden, aber das System konnte er nicht ändern. Es blieb die ganze romantische Zeit hindurch noch bestehen. Erst mit der symphonischen Dichtung von Liszt kam es zu Fall, und heute sieht die Symphonie allen Fantasien in Rondoform, überhaupt in jeder Freiheit, offen. Je weniger absolut der Inhalt war, je mehr er deutete und beschrieb, desto eher löste sich der Bau in Psychologie auf.

Die vier Sätze der alten Symphonie waren der Rest der Suite. Auch sie gingen später in der Psychologie auf. Aber sie boten immerhin für den angehenden Romantiker die Gelegenheit, auf eine leichtere Art, ohne allzu gesetzliche Bindungen, seine Produkte zu gestalten.

So nimmt Schubert eben die Symphonie, wie sie ihm geboten wird. Nicht anders, als er die Sonate nahm. Niemals liegt er im Kampf mit der Form, höchstens beruhigt er sie durch Streicheln. Niemals wälzt er Probleme, sondern läßt die Musik spielen, gleichviel, ob es weniger oder mehr Instrumente sind. Auch klanglich kommen ihm keine Skrupel, weil er schon die Hand der romantischen Symphoniker hat, die die Lieblichkeiten Mozarts und die drängende Unruhe Beethovens ablöste. Weich und ausgeglichen klingt sein Ensemble, das ebenso aus der Kenntnis der Tuttiwirkungen, wie aus der Liebe zum Soloinstrument geschrieben ist, ohne Sparsamkeit und ohne Übermaß.

Schubert hatte sowieso den größten Teil seiner Symphonien in frühen Jahren geschrieben, angeregt durch das Dilettantenorchester, das ihm zur Verfügung stand, und hatte sich da in der Instrumentation, besonders beim Blech und bei den Pauken, einschränken müssen. Es sind leichte Übungen, deren musikalischer Wert erst langsam wächst. Dann hat er in der Kammermusik sich intensiver ausgesprochen und das Orchester ein wenig liegen lassen, zumal er kaum noch Gelegenheit gehabt hätte, eine Symphonie von sich zu hören. Erst am Ende stehen Symphonien, die in H-Moll und die in C-Dur, seine wunderbarsten Schöpfungen, die er niemals gehört hat, die geheim blieben, bis man sie staunend wieder entdecke. Im ganzen sind es, wenn man die verschollene Gasteiner Symphonie mitrechnet, neun Stück. Neun Symphonien, wie bei Beethoven, bei Bruckner, bei Mahler, und die letzte der Musen geleitet immer den Meister ins Grab.

Die erste seiner Symphonien schrieb Schubert mit sechzehn Jahren. Das Konviktorchester spielte sie ihm auf. Natürlich gute alte Schule, mit viel Melodik und Heiterkeit. Will man durchaus etwas Besonderes suchen, so wäre es der Übergang zur Reprise im ersten Teil, der so schön auf Bläserharmonien gesetzt ist, voll geheimnisvoller Verwandlungen in den langgedehnten Stimmen.

37. Symphonie II Presto

1815 schrieb er die zweite Symphonie. Da ist schon eine langsame Einleitung, die der Sache ein etwas ernsteres Gesicht gibt. Und dann beobachtet man die Schubertsche Eigentümlichkeit bei der Reprise, das erste Thema nicht in der Grundtonart zu bringen. Es steht statt in B in Es. Gerade in dieser Gegend, bei der Wiederaufnahme des ersten Themas, läßt sich Schubert gern frei gehen. Es sind so ganz kleine Auflehnungen gegen das Gesetz, das doch niemals durch eine große Revolution beseitigt wird. Thema ist Thema und Bau ist Bau.

Wie glücklich wäre Schubert gewesen, wenn man ihm erlaubt hätte, seine eigenen Regeln zu finden. Aber, mein Gott, es ging auch so. Die alte Vase war groß genug, alle seine Blumen aufzunehmen. Wie fabelhaft ist der letzte Satz dieser Symphonie. Das ist nicht mehr der Rokokorhythmus, das ist schon wieder der Volksrhythmus, den Schubert einführt. In seiner Beweglichkeit, Wiederholung und Wandlung ist dieser Takt, das Viertel mit den zwei Achteln, so ausgeschöpft, wie er es später nicht besser gemacht hat.

Auch die dritte Symphonie, die er gleich hinterher komponierte, hat die langsame Einleitung, die die Angelegenheit hier etwas bedeutender macht, als sie eigentlich ist. Sieht man sich die Instrumentation an, so ist sie noch nicht sehr individuell. Die Themen sind nicht aus dem Klang erfunden, sondern übertragen auf die Holzbläser, auf die Streicher, immer in einer guten Abwechslung und dann nach deren Gattung ein wenig eingerichtet. Aber wie hübsch ist die Erfindung zum Beispiel des Allegrettothemas im zweiten Satz, zuerst des gesanglichen, das den Streichern gegeben ist, und dann des mehr tänzerischen, das den Holzbläsern gehört. Diese Symphonie ruht sich wenig in Lyrik aus. Der letzte Satz, ein Presto vivace, stürmt in einem Tarantellarhythmus einher, der die Akkorde und Figuren wild übereinander wirft. Fis-Moll, F-Dur, dicht zusammen, Durchgangsakkorde von überraschender Farbigkeit. Die vierte Symphonie aus dem Jahre 1816 nannte Schubert „die tragische". Nun, so gefährlich ist die Sache nicht. Sie ist wohl ein wenig ernster als die bisherigen Symphonien, aber schließlich ist sie durchaus im Schubertschen Geiste gehalten, ein lyrisches Spiel. Sie sieht in C-Moll und das hat wohl manchmal dazu geführt, sie mit Beethoven zu vergleichen. Aber diese beiden Wesen sind überhaupt nicht zu vergleichen. Es sind zwei vollkommen verschiedene Gegenden, das Herausdrängen der Sprache aus der Musik und ihre Intimisierung in Form des Liedes und des Tanzes. Der erste und der letzte Satz dieser Symphonie haben eine geschäftige Geläufigkeit, im Charakter gar nicht so sehr voneinander unterschieden. Es ist das leichte, flüssige Spiel unproblematischer Themen.

38. Symphonie IV Andante

Die Hauptfreude ist der langsame Satz. In diesem Andante tritt eine Erweiterung des Gefühles zutage, die auf dem Wege der Intensität Schuberts bedeutungsvoll wird. Es ist nicht so sehr das erste Thema, das einfach gesangvolle, das die Streicher beginnen, um sich dann mit den Bläsern abzulösen, wichtiger ist der folgende Abschnitt, der mit den Sechzehnteln in F-Moll anfängt und zunächst eine der breiten Ausladungen schildert, wie sie sich gern in die langsamen Sätze einschieben, aber dann ein bestimmtes Schlußmotiv des niedersinkenden Vorhalts festhält, um es auf absteigenden Terzen durch Violinen, Oboen, Klarinetten, Flöten so süß fortzuspinnen, daß die Seele aufhorcht. Nicht genug: es schließt sich, von Flöten und Klarinetten getragen, eine weitere melodische Wendung an, die in unglaublicher Zartheit auf den leicht gewellten Bässen auf und nieder steigt. Das wiederholt sich alles ineinander und nacheinander. Es ist so schön, fast wie eine moderne russische Melodie, so wehmütig, klagend und rührend, daß man es lange mit sich herumträgt. Schon um dieses Satzes willen verdiente die Symphonie öfter aufgeführt zu werden.

Die fünfte Symphonie, auch aus dem Jahre 1816, ganz einfach instrumentiert für ein Dilettantenorchester ohne Trompeten und Pauken, zeichnet sich merkwürdigerweise weniger durch den ersten und zweiten, als durch den dritten und vierten Satz aus. Dieses Menuett ist von einer ungemeinen Frische der Erfindung und von reizender Beweglichkeit in den verschlungenen Stimmen. Und der letzte Satz ist ein Vivace von größter Lustigkeit, melodisch so lieblich, harmonisch so überraschend, und rhythmisch von jener Freudigkeit, die Schubert in seinen besten Stunden ausströmte. Die sechste Symphonie stammt aus dem nächsten Jahre. Diesmal steht über dem dritten Satz die Bezeichnung Scherzo. Das Menuett hat auch bei ihm abgedankt. Sie ist ein bißchen dünn. Alles ist ja für ein kleines Orchester gedacht. Es war gleichsam die symphonische Ruhe vor dem Gewitter. Nun kam eine große Pause in der Erfindung der Symphonien. Er schärfte seinen Geist wieder in der Kammermusik, und erst 1822 finden wir von ihm eine große symphonische Arbeit, nachdem er ein Jahr vorher eine E-Dur-Symphonie skizziert, aber nicht ausgeführt hatte.

39. Symphonie H-Moll. Erster Satz. G-Dur-Thema

Violoncello

Das Werk des Jahres 1822 ist die H-Moll-Symphonie, die unter dem Namen „die Unvollendete" berühmt geworden ist. Und wieder steigt die Frage nach Vollendung oder Nichtvollendung vor uns auf. Wir hatten uns schon beruhigt und gesagt, wie manche Stücke übervollendet seien, wenn sie sechs Sätze haben, so sei dies zweisätzige Werk doch nicht weniger vollendet, wenn es ihm so genügt habe. Aber nun findet sich die Skizze zu einem dritten Satz. Sie ist durch das Scherzo und Trio durchgeführt, wenn auch nicht mehr in allen Stimmen und nicht in den Instrumenten. Wollte also Schubert das Stück weitermachen, und hat er es liegen lassen, weil er keine Lust mehr hatte, oder weil ihm die Fortsetzung nicht genügte? Das mögen die Götter entscheiden. Liegen lassen hat er ja schließlich die ganze Symphonie, denn niemand außer Anselm Hüttenbrenner wußte etwas davon, und in diesem Nachlaß hat sie Herbeck erst 1865 entdeckt. Also lassen wir es auf sich beruhen. Seien wir glücklich, daß wir wenigstens diese beiden Sätze haben, die für uns besser und geschlossener sind als irgendeiner, der nicht geschrieben wurde.

Die H-Moll-Symphonie beginnt, wie manche Schubertschen Stücke, mit einem Thema, das unisono auftritt. Hier hört man es in tiefen Lagen, in einem mysteriösen Pianissimo von den Celli und Bässen gespielt. Dann setzen die Violinen mit einer begleitenden Figur in Sechzehnteln ein, wie Wasserrauschen oder Blätterrauschen, das wir aus Liedern kennen. Schon ist Landschaft in der Musik, über der Sechzehntelfigur, die rhythmisch behaglich fundiert ist, beginnt eine Melodie der Oboen und Klarinetten, nicht etwa das erste mysteriöse Thema, sondern ein Gesang von süßer Traurigkeit weit hingezogen, hinaufgebogen, von Hörnern und Fagotten bisweilen sekundiert, bis ein Schluß in H-Moll erreicht ist. Es ist Lyrik. Ein Gedanke folgt dem andern. Sie entfalten sich nicht auseinander, sondern nacheinander. Zu einer synkopischen Begleitungsfigur der Klarinetten und Bratschen beginnt das Cello das zweite Thema, jene wiegende, singende Weise in G-Dur, die sich innerhalb einer Quinte abspielt, aber so reich an melodischer Schönheit ist, daß sie die berühmteste Melodie der Welt wurde. Aus diesem Manuskript, das 43 Jahre lang verborgen lag, klingt sie auf, daß es heute kein Herz gibt, dessen Besitz sie nicht geworden wäre. Schubert freut sich an ihr. Er legt sie gleich eine Stufe höher, er läßt sie von den Geigen aufnehmen, die sie dann wieder auch die Stufe hinuntersenken, und dieses Auf- und Niedersteigen ist bei keiner Melodie so voller Entzückungen, wie bei dieser. Er bricht ab. Ein Takt Generalpause. Schwere Akkorde und Tremoli in C-Moll, G-Moll, in Es-Dur, das hinaufgeführt wird, um sich dann in einer Bearbeitung des dritten Taktes des zweiten Themas nach G-Dur hinüber auszuleben. Noch ein Rütteln. Noch eine Wiederkehr. Das Thema wird wieder durchgearbeitet von Violinen, von Flöten, diesmal mehr seine ersten beiden Takte, bis man auf dem H wieder angelangt ist. Also man sieht: Schubert bearbeitet sein Thema, dieses Thema, das uns reinste Lyrik und Melodie war, er bringt es in Imitationen, als sei es reine Musik, Töne, mit denen man spielt, die man umdreht und gegeneinander schickt – es ist die Grenze der Zeiten, in denen Töne Material der Musik waren und Material der Seele.

Er macht es nicht anders mit dem allerersten Thema, das einst in den mysteriösen Bässen die Symphonie begann. Wir haben es seitdem nicht gehört. Jetzt erscheint es wieder zu Anfang des zweiten Teiles, und was wird daraus? Nachdem es die Bässe noch einmal eingeprägt haben, steigt über dem schaurigen Tremolo eines tiefen C sein Anfang in den Violinen hoch, in einer unglaublich leeren, ergreifenden Klage, von einem sehnsüchtigen Vorhalt überwölbt und in dieser Linie fortgeführt zu einem Schmerzensausbruch des Orchesters, aus dem tropfende Akkorde hängen bleiben. Aus dem Thema ist Seele geworden. Aus der Seele wird wieder Thema. Das ganze Orchester nimmt es in voller Stärke auf und wirft es kontrapunktisch, durch rollende Figuren, durch punktierte Schläge, bis alles zerreißt, der Nebel sich senkt und die Landschaft des Anfanges sich wieder eröffnet. Der gesamte lyrische Teil wiederholt sich. Dann tritt noch einmal das mysteriöse Motiv geheimnisvoll heraus. Es verflicht sich ineinander, es wölbt die Sehnsucht, es klagt sich zu Ende durch Holzbläser, Violinen und Bässe.

40. Symphonie H-Moll
Zweiter Satz. Cis-Moll-Thema

Clarinetti

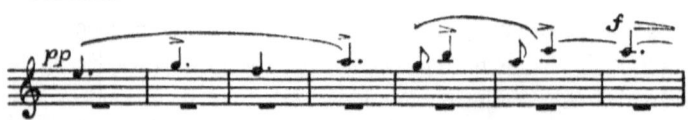

Der zweite Satz, das Andante con moto, beginnt, als ob nichts wäre. Dämmer der Natur, klare Akkorde in Hörnern und Fagotten, Pizzikatobässe, leichte, melodische Erhebung der Violine, ein Dreiachteltakt, der sich unbestimmt wiegt. Ein Septimenakkord, fortissimo, bricht heraus, chromatisch angeschlossen leuchtet eine liebliche Septimenfigur herüber. Die Instrumente lösen sich ab in den weichen Akkorden, in den melodischen Achtelgängen, die Septimenfigur leuchtet öfter heraus, melodische Süßigkeiten ergeben sich, die Spannung der melodischen Linie wird beredter, bekommt Sprache, spiegelt Seele. Die Violine übernimmt ein Gis und senkt es herunter zu Cis-Moll. Die Streicher synkopieren eine Begleitung. Die Klarinette erhebt darüber in einfachen Terzenschritten eine Melodie von solch ergreifender Traurigkeit, so sinnend, so breit, so eindringlich, daß die Streicher unter ihr erzittern, leichte Bogen über die Dominante schlagen, Tränen weinen in den Mittelstimmen, die sich über Vorhalte senken, die enharmonisch wechseln, und immer singender, immer seelenhafter wird der Spruch der Klarinette, bis sie die Wege der Harmonien im nachdenklichen Kreise wieder zurück zum Cis durchgewandelt ist. Alles ist so getränkt mit Melodie, daß die Instrumente wie aus menschlichen Lippen ihren Gesang ausströmen und die Stimmen sich suchen und finden, in einer ewigen Frage und Antwort um die unendliche Schönheit der Musik. Wie göttlich ist ihr Zauber, wenn die Oboe in Des-Dur die Terzenmelodie aufnimmt, vom Cello umspielt, und sie von der Höhe in einer rührend einfältigen Figur, so keusch, so rein, so voller Gefühl über Tonika und Dominante herunter schmeicheln läßt, von der Flöte abgelöst, und wieder Oboe, und immer leiser, wie in einem unbeschreiblichen Traum von Seligkeiten, dem die Instrumente wetteifernd nachhängen. Aber wir kennen Schubert. Was Seele war, wird Thema auch hier. Im Tutti des Orchesters übernimmt der Baß das Seelenmotiv der Klarinette und führt es gegen die übrigen Stimmen, durch Figurationen hindurch, als sei es irgendein Schulthema, das der Bearbeitung ausgeliefert ist. Aber die Lyrik besinnt sich. Sie kehrt gern zurück. War es Regel, daß in langsamen Sätzen solche Tuttiausladungen eingefügt werden, so läßt sich doch auch im lyrischen Tempo und Takt die Verflechtung und Verfädelung motivischer Stimmen mit Anmut durchführen. Dann ist es Zeit, zum Anfang zurückzukehren. Umgewandelt in den Tonarten vollzieht sich das gleiche Spiel, noch etwas mutiger in der kontrapunktischen Gedrängtheit, wo die große Gebärde ihre Stelle hat. Die kleine Gebärde gestaltet wieder den Schluß in aller lyrischen Feinheit und Delikatheit. Einzelne Violinstimmen, dazwischen fremdtonale Bläserakkorde, das liebliche Aufleuchten der Septimenfigur, Abstieg und Aushauchen.

41. Symphonie C-Dur (große)
Erster Satz

Die C-Dur-Symphonie aus dem Jahre 1828 blieb nur zehn Jahre lang unbekannt. Schumann fand sie 1838 bei Ferdinand Schubert. 1839 wurde sie das erstemal aufgeführt im Gewandhauskonzert von Mendelssohn, der manche verwandten Züge zu seiner eigenen Art darin gefunden haben mag. Immer wieder möchte man sagen: es ist das schönste und reifste Werk von Schubert. Aber man weiß schon nicht mehr, welches eigentlich das schönste ist. Jedenfalls läßt sich kaum an einem anderen Stück so gut beobachten, wie ihm ohne jede Problematik aus dem leichten Grunde der Erfindung die Einfälle zuströmen, wie sich der eine aus dem anderen entwickelt, und wie doch das Ganze von selbst einen gegliederten Bau darstellt. Auch hier beginnt er mit einem solistisch vorgetragenen Thema, diesmal in den Hörnern. Es ist ein Thema von romantischem Waldklang, so rüstig und so stolz und rhythmisch so mannigfaltig, daß es ein Nationallied hätte werden können. Es ist eine langsame Einleitung

Schubert, Bauernfeld und Schwind in Grinzig
Fragment aus einer Zeichnung von M. v. Schwind. (Lachnerrolle)

zum ersten Satz. Die Hörner übergeben ihr Thema den Holzbläsern, die es, umspielt von Streichern, schön Harmonisieren. Zum dritten Mal beteiligen sich die Posaunen, und das Thema entwickelt seine ganze innere Wucht. Das Orchester erregt sich. Alles Heldische entwächst dem Motiv. Noch einmal klingt es ab in den Holzbläsern, über den Streichern, es steigert sich hinauf, es umkreist die Dominante, es zuckt in allen Fibern, die große Erwartung ist da für das eigentliche erste Thema des schnellen Symphoniesatzes, und dieser beginnt sogleich. Es ist ein Motiv voll tänzerischer Rhythmen. Beethoven hätte etwas Heroisches hingestellt. Schubert gibt eine schlenkernde, burschikose Bewegung. Das Streichen und Gleiten setzt sich einheitlich im Rhythmus fort. Es zittert in den tonalen Akkorden. Es kadenziert in einer frohen Wendung. In breiten Triolen im Viervierteltakt streicht es gleichzeitig herauf und herunter durch die Diatonik von C-Dur. Ein göttliches, unbekümmertes Schweben ist darin, eine süße Lässigkeit der Kraft. Immer weiter mischt sich die Vierteltriole in den Zweiertakt, bis sie auf einem C sich beruhigt und über H nach E-Moll umspringt. Das zweite Thema tritt hervor in Oboen und Fagotten, später in Flöten und Klarinetten, wieder ein Tanzen, wieder ein Gleiten, mit einer neckischen Bewegung von oben nach unten und wieder hinauf, und diese schwimmende Bewegung setzt er fort durch alle Tonarten, durch alle Lagen und Akkorde, mit schnippischen Betonungen schlechter Taktteile, bis nur noch ein akkordales Wiegen übrigbleibt, das durch das ganze Orchester sich ausbreitet, erste Klänge jener romantischen Welt, die durch Mendelssohns Meeresfluten, durch Wagners Feuerzauber sich typisch gehalten haben. Und ganz in dieser Vorahnung treten Mittelstimmen in das Orchester, wie Rufe von Geistern. Die Posaunen haben sie, eine Umbildung des allerersten Themas aus der Einleitung. Die Rufe werden drängender, sie stoßen auf G hin, eine Erinnerung an das zweite Thema. Der Abschnitt schließt in der Dominante. In der Durchführung wird alles gegeneinandergestellt. Das erste und das zweite Allegrothema berühren sich ganz nah. Die diatonischen Skalen flechten sich hindurch. Die Triole durchzittert die Rhythmik. Die Posaunen blasen die Feierlichkeit des Andantethemas dazwischen. Allmählich fädelt sich das System auseinander. Das Andantemotiv geht durch Holzbläser und tiefere Streicher. Die Triolen atmen der Reprise des Allegro entgegen. Und das wunderbare Spiel beginnt von vorn mit veränderten Tonarten, mit einer

Stretta des Schlusses, die durch gespannte Harmonien das Orchester ausdehnt in einem weiten Schwingen aller Akkorde, aller diatonischen Aufstiege, immer breiter und breiter, wie Weltenatem, bis endlich das Andantethema alle Instrumente noch einmal feierlich zusammenfaßt und dem reinen C-Dur-Schluß zuführt.

42. Symphonie C-Dur (große).
Zweiter Satz (Thema)

Das Streichquintett spielt ruhige Achtel. Die Bässe lassen einen Rhythmus ahnen, volkstümlich bewegt, wie in leiser slawischer Trauer. Oder auch ein bißchen ungarisch. Es berührt sich ja. Die Oboe ergreift darüber das Thema, ein berühmtes Thema in der Süßigkeit seines seelischen Verlaufs, das so sanft in sich selbst hineinblickt. Die Klarinette beteiligt sich gern. Da geht es aus A-Moll, mit Schubertschem Pianissimo, in A-Dur über und enthüllt seine deutsche Innigkeit. Die Streicher sind froh. Sie führen einen romantischen Tanz auf, mit wiegenden Bässen, mit punktierten Melodien, und rufen Klarinette und Fagott auf, nunmehr das Thema anzustimmen. Und alles vollzieht sich in gleicher Weise, man hat so viel Zeit und so viel Lust an dieser reizenden Musik. Und immer wieder auf Umwegen kommt man zum ersten Thema, in das sich die Holzbläser wohlwollend teilen, und wieder A-Moll und A-Dur, man kann es nicht genug hören. Ein neues Motiv liegt ihm in den Gliedern, er geht hinüber nach F-Dur. Die Violinen streichen es diatonisch herunter und herauf. Die Klarinetten entzücken sich an dem Gesang. Die Flöten treten hinzu. Aber als sei es noch nicht genug der Melodik, beginnt das Thema noch einmal in F-Dur, um sich so unglaublich reizvoll zu verzweigen, daß es wenig Stellen süßerer Polyphonie in der Musik gibt, als diese uns entgegentönt. Nein, es ist noch nicht genug. Auf einem wiegenden Baß in D-Moll beginnt die Klarinette eine Weise voll zarter Sehnsucht. Bläser rufen das frühere Motiv dazwischen. Es herrscht die Stille der Natur. Tiefe Akkorde atmen. Wir sind am Anfang, das A-Moll-Motiv beginnt wieder seinen Gesang auf einem etwas bewegteren Orchester, und der Kreis aller Melodien wird noch einmal abgegangen. Die Hand streckt sich aus, die Bogen werden gespannter, beinahe droht Dramatik, da beruhigen sich die Schläge, das Cello singt auf ihnen eine neue Weise von schmerzhafter Schönheit, die Oboe nimmt es auf und die Harmonien drehen sich hinüber zum A-Dur, das nun das singende zweite Thema wiederum bewegter, aber noch breiter, noch atmender, durchführt, unendlich verliebt in die eigne Musik, bis man zum dritten Mal beim A-Moll-Thema angelangt ist, das sich nun endlich unermüdlich zu Ende singt. Wem ist es zuviel?

Das Scherzo ist ein Huschen zweier Rhythmen durch das Orchester: sechs gestoßene Achtel und drei gestoßene Viertel. Es schwirrt durch die Harmonien. Eine Violinstimme singt dann darüber, wie eine leichte Ländlermelodie. Oder die Holzbläser treten zusammen und blasen einen rustikaleren Walzer, mit allen kleinen Bosheiten der Durchgangstöne, die Schubert in dieser Symphonie so sehr liebe. Breite, schwungvolle Akkorde fehlen nicht. Fast erinnern sie an den ersten Satz, aber das Kichern des Hauptrhythmus dringt immer wieder durch, durchlacht den ganzen Satz, läßt die Fetzen fliegen, herauf, herunter, in einer unbeschreiblichen Beweglichkeit. Das Trio setzt eine substantiellere Welt entgegen. Es ist der vollendete romantische Gesang in A-Dur, mit aller Sehnsucht, allem Auftrieb, aller Melodie und allem Rhythmus etwa eines Männergesanges. Wie breit legt es sich hin. Wie zieht sich sein Takt über ganze Perioden. Schubert wird länger und länger. Nicht, weil er kein Ende finden kann, sondern weil der Zug seines Herzens solche Strecken braucht. Er ist der Musiker des weiten Formates. Er füllt es mit der ganzen Seligkeit seiner Inspiration.

Das Finale sprudelt. Es ist ein Fest musikalischer Figuren. Halbe Noten stampfen. Triolen eilen. Punktierte Noten stoßen sich. Fähnchen der Melodien werden aufgesteckt. Alles Thematische geht in diesem Karneval auf. Diatonische Skalen, die zu Figuren werden, von punktierten Bässen gehalten. Bläserstöße dazwischen, die zur Lust rufen. Das erste Thema bedeutet ständigen Fluß laufender

Triolen. Das zweite bedeutet erst Schlag, dann Triole. Die Schläge und die Skalen werden thematisch durch das Orchester hindurchgezogen, indem sich immer wieder neue Gruppen bilden, alle verwandtschaftlich verbunden. Vor dem ersten Abschnitt sinkt ein diatonisches Motiv durch das Orchester herunter. Zum Beginn des zweiten Teiles ist es Melodie geworden, von gestoßenen Bässen begleitet, es versucht eine Art Durchführung, es verbindet sich mit dem Motiv der vier Schläge, es braust durch alle Harmonien, es stellt sich auf einen ungeheuren Orgelpunkt von G, es will in den Anfang hinüberhüpfen, das G schlägt statt zum C hinauf zum Es hinunter, Es-Dur macht seinen Trubel, die Motive wälzen sich durch alle Tonalitäten ringsherum, keine Ruhe gibt es, Punktierungen, Triolen, Schläge, wir glauben im Kreis der Reprise herumzufahren, aber schon rumort es in den Bässen, sie schlagen sich durch ganze Hecken von Tonarten, die Noten rufen und rufen, drängen, stoßen, das Motiv der vier Schläge wird zu einem Gipfel der Lust, Pulsschlag einer Tollheit und Ausgelassenheit, die vergeblich ein paar Melodien von oben zu beruhigen suchen. In dem tiefen Schluß-C liegen die wilden Geister ermattet am Boden. Die letzte Symphonie ist zu Ende. Wie wäre die nächste geworden? Der Tod tanzt:

43. Symphonie C-Dur (große). Letzter Satz

6. Das Übrige

Was übrigbleibt, sind die größeren Gesangswerke, vor allem die Männerchöre und Frauenchöre, die gemischten Chöre, die kirchlichen Werke, darunter in erster Linie die Messen, und endlich die Opern. Von allen diesen Sachen, die immerhin eine große Lebensarbeit darstellen und schließlich die meiste Zeit beanspruchten, sind im Grunde nur einige Chöre populär geblieben. In der ganz großen Form fühlte sich Schubert nicht wohl, dessen Vorzüge in der Intimität blühten. Gleichwohl müssen wir darauf zu sprechen kommen, weil diese Werke den Schaffenskreis von Schubert am äußersten Horizont begrenzen. Es ist so, als ob seine wirkliche Erscheinung sich in dieser Weite schon verflüchtigte.

Aus der Gattung der Männerchöre, die damals im allgemeinen mehr Unterhaltung als hohe Kunst war, erhebt sich einiges Besondere. Das wichtigste Stück ist die Komposition des ‚Gesanges der Geister über den Wassern' von Goethe, ein Gedicht, das Schubert so gereizt hat, daß er es immer wieder versuchte in eine neue Form zu bringen. Zuerst war es ein gewöhnliches Lied. Dann schrieb er es für Männerstimmen ohne Begleitung. Dann mit Klavierbegleitung. Endlich im Februar 1821 vollendete er die jetzige Gestalt. Sie ist sehr apart. Der Text wird gesungen von vier Tenorstimmen und vier Baßstimmen. Die Begleitung wird nur von tieferen Streichern ausgeübt: zwei Bratschen, zwei Celli und Kontrabaß. Die düstere und geheimnisvolle Stimmung liegt also schon in den Mitteln dieser Instrumentation.

44. Gesang der Geister über den Wassern.
Männerchor

Die Kontrabässe beginnen pianissimo den uralten Schubertschen Rhythmus eines Viertels mit zwei Achteln. Die andern Streicher weben darüber eine mystische Einleitung. Alle acht Stimmen beginnen: des Menschen Seele gleicht dem Wasser. Sie beginnen alle auf dem C, um sich bald akkordlich zu teilen. Die Teilung der Stimmen selbst geschieht bei den Worten: vom Himmel kommt es. Tenöre und Bässe nehmen sie sich gegenseitig ab. Und wo es wieder zum Himmel steigt, vereinigen sie sich zu einem Auftrieb im Fortissimo. Wie in seinen Liedern malt Schubert der Reihe nach Stimmung und Inhalt der Worte, um sie dann zu einem großen Ganzen zu vereinigen. Und wieder nieder zur Erde muß es – Tenöre und Bässe nehmen sich wieder abwechselnd die Worte in absteigenden Tönen vom Munde. Bei dem Ausdruck „ewig wechselnd" treten die Stimmen zum ersten Male in eine reichere Polyphonie ein, die den Wechsel malt. Abschnitte akzentuiert das Orchester. Von der hohen, steilen Felswand strömt der reine Strahl: die Bässe lassen ihn unisono niederfallen. Wo er lieblich in Wolkenwellen stäubt, nehmen ihn die Tenöre auf, und zwar nur drei Tenorstimmen, um in lieblich gewellten Akkorden zu malen, von Zierlichkeiten der

Streicher geschmückt. Noch verweilt man in demselben Bilde. Leise rauschende Schleier schildern Tenöre und Bässe bald imitatorisch, bald gegensätzlich. Nun ragen Klippen dem Sturz entgegen. Die Bewegung wird lebhafter. Teilstimmen der Bässe und der Tenöre steigen in Klippenoktaven auf, bis von den Bässen gerufen, das ganze Stimmenmeer die Klippen umtobt. Der Schaum rollt in Sechzehnteln durch die Bässe in Gesang und Orchester, von den Akkorden der Tenöre umklammert. Es ist wie eine zornige Stelle in einem alten Oratorium. Es reizt Schubert, diese stürmische Mitte auszuarbeiten. Er läßt die Motive immer im Kontrast des rollenden Sechzehntels und der rhythmischen Akkorde durch die Partitur hinuntersausen bis sie sich im Abgrund verlieren, nachgebrummt von den Kontrabässen. Schon eröffnet sich der Blick auf ein freundlicheres Wiesental. Das Wasser, von Schubert in so vielen Formen besungen, bildet melodischere Linien, und die Gestirne weiden ihr Antlitz auf einer unendlichen Ruhe nur leicht plätschernder Figuren. Der Wind tritt auf. Ein lieblicher Buhle, kein Sturm. Er streichelt die Melodie zur letzten Stille. Wir sind an den Anfang zurückgekehrt, auf den alten Rhythmen, in den alten Akkorden vergleicht sich des Menschen Seele dem Wasser, das Schicksal dem Winde, im ruhigen Wechsel von F-Moll und C-Dur legt sich die Musik zu Boden. Es ist ein schönes Stück, so knapp in der Form, wie reich im Inhalt. Damals regte es die Ohren auf wegen der Kühnheit seiner Modulationen. Heut ist es eingekehrt in alle Zufriedenheit der Klassik.

Der ‚Nachtgesang im Walde' hat unter den Männerchorwerken von jeher eine besondere Stellung eingenommen. Deutscheres kann nicht gedacht werden. Vier Hörner sind das Orchester, zwei Tenöre und zwei Bässe der Chor. Man sagt immer Chor, aber es steht nichts im Wege, daß man es vier Solisten gibt. Die Hörner spielen die Einleitung. Romantisches Weben der Nacht im Walde. Die Stimmen begrüßen die Nacht ganz in hingegebener Melodie.

Die Hörner antworten ihnen und stützen sie. Es wird ein wenig malerischer, da säuselnde Lüftchen sich erheben. Die Stimmen bleiben gut zusammen. Sie rufen aus dem Schlaf. Sie reizen die Hörner. Die Hörner werden lebhafter und stimmen eine Begleitung an, ganz Schubert, wieder das Viertel mit den Achteln. Und die

Stimmen, immer wieder zusammen, ein rechter Gesangverein, steigen aus dem Pianissimo in das Forte und rufen die Nacht aus dem Walde, die holde, holde Nacht, die sie mit reizenden Figuren ausschmücken. Nun, vielleicht sind wir schon ein wenig über der Grenze der ganz edlen Kunst. Vielleicht ist es schon ein bißchen Liedertafel. Aber das Herz soll uns stillestehn, wenn davon in dem guten Schubert nicht immer ein Teil steckte.

Da ist natürlich die ‚Hymne', zumal aus dem Oktober 1828, viel tiefer angelegt. Wieder ist die Begleitung sehr besonders. Es sind gar keine Streicher dabei, nur Oboen, Klarinetten, Fagotte, Trompeten, Hörner und Posaunen. Zwei Tenöre und zwei Bässe singen solo, zwei Tenöre und zwei Bässe singen Chor. Aber die Schreibweise ist ganz populär. Die Solisten beginnen ohne Begleitung mit einem hymnischen Satz, der sich allmählich in den Stimmen mehr gliedert. Darauf übernimmt der Chor mit der Begleitung dieselbe Weise, wobei die Solisten sämtlich ihn sehr wirkungsvoll kontrapunktieren. Den zweiten Abschnitt übernimmt zunächst der Chor in einer mehr psalmodierenden Form, um dann zu der hymnischen Anfangsmelodie zurückzukehren, in die er sich wieder mit den Solisten teilt, und der Schluß vollzieht sich ganz formal in der genauen Wiederholung des ersten Abschnittes. In solchen Sachen geht Schubert ganz in den allgemeinen Stil der zeitlichen Chorkomposition ein, aus dem nur bisweilen eine reizende Meloieblüte oder eine feine Modulation vom C-Dur des Chores ins A-Dur der Solisten seinen Namen nennt.

Unter den Männerliedern mit Klavierbegleitung ist der ‚Gondelfahrer' zu nennen nach dem Mayrhoferschen Gedicht. Zwei Tenöre und zwei Bässe singen in aller Schubertschen Schmiegsamkeit zu einer reizend schaukelnden Bewegung, in aller Süßigkeit der melodischen Wendungen, die sich nachahmen und harmonisieren, gar heiter und freundlich ihr Ständchen.

Und dann ist da das ‚Dörfchen' nach dem Bürgerschen Gedicht, das damals schon eine der beliebtesten Kompositionen Schuberts für Männerchor war.

45. Das Dörfchen
Männerchor

Statt des Klavieres hat er auch eine Gitarrenbegleitung geschrieben. Die zwei Tenöre und zwei Bässe beginnen ihr Dörfchen zu rühmen in einer schlichten romantischen Melodie, die entzückend gebaut ist. Und dann, wo die Schlehen blühen, werden sie ein wenig sinniger und zerlegen sich sorgsamer in die einzelnen Stimmen und versuchen auch gar manche Virtuosität. Dann kommt der Kanon. Auf die Seligkeit beginnt ihn der erste Tenor in einer lustigen studentischen Weise und die anderen Stimmen folgen der Reihe nach, ohne daß die früheren pausieren. So ist mancherlei artige Kunst in die romantische Geschichte vom Dörfchen verwoben, die unserem Meister alle Ehre macht.

Unter den Frauenchören Schuberts ist keiner so berühmt wie das ‚Ständchen'. In der jetzigen Form steht es für Altsolo und Chor von zwei Sopranen und zwei Altstimmen. Das Klavier hat eine gitarrenhaft zupfende Begleitung, die mit einigen Variationen durch das ganze Stück festgehalten wird. Unbeschreiblich graziös ist es, wie die Solostimme den Chor reizt, wie der Chor ihr zögernd antwortet, wie sie sich gegenseitig melodisch immer mehr Mut machen, wie sie sich suchen und finden, wie der Chor sein Fugato hinaufklettert, wie das Solo sich einfügt, wie fein und zart die Harmonien einander abwechseln, ein kicherndes leichtes Spiel von solchem musikalischen Hauch, daß es wie ein Duft vorüberfliegt.

Zur Entstehung dieses ‚Ständchens' muß man doch immer die schöne Erzählung wiederholen, die uns Anna Fröhlich hinterlassen hat. „Sooft ein Namens- oder Geburtstag der Gosmar (eine ihrer Schülerinnen) nahe war, bin ich allemal zu Grillparzer gegangen und habe ihn gebeten, etwas zu der Gelegenheit zu machen, und so habe ich es auch einmal wieder getan, als ihr Geburtstag bevorstand. Ich sagte ihm: „Sie, lieber Grillparzer, ich kann Ihnen nicht helfen, Sie sollten mir doch ein Gedicht machen für den Geburtstag der Gosmar". Er antwortete: „No ja, wann mir was einfällt". Ich aber: „No, schauens halt, daß Ihnen was einfällt". In ein paar Tagen gab er mir das ‚Ständchen': „Leise klopf' ich mit gekrümmtem Finger ..." Und wie dann bald der Schubert zu uns gekommen ist, habe

46. Ständchen
Frauenchor

ich ihm gesagt: „Sie, Schubert, Sie müssen mir das in Musik setzen." Er: „Nun, geben Sie's einmal her". Ans Klavier gelehnt rief er ein über das andere Mal aus: „Aber, wie das schön ist – das ist schön!" Er sah so eine Weile auf das Blatt und sagte endlich: „So, es ist schon fertig, ich hab's schon". Und wirklich, schon am dritten Tage hat er mir es fertig gebracht, und zwar für einen Mezzosopran (für die Pepi nämlich) und für vier Männerstimmen. Da sagte ich ihm: „Nein, Schubert, so kann ich es nicht brauchen, denn es soll eine Ovation lediglich von Freundinnen der Gosmar sein. Sie müssen mir den Chor für Frauenstimmen machen." Ich weiß es noch ganz gut, wie ich ihm dies sagte; er saß da am Fenster. Bald brachte er es mir dann für die Stimme der Pepi und den Frauenchor, wie es jetzt ist. Ich hatte meine Schülerinnen in drei Wagen nach Döbling, wo die Gosmar im Langschen Hause wohnte, geführt, das Klavier heimlich unter ihr Gartenfenster tragen lassen und Schubert eingeladen. Er war aber nicht gekommen. Andern Tags, als ich ihn fragte, warum er ausgeblieben, entschuldigte er sich: „Ach ja, ich habe darauf ganz vergessen." Dann habe ich das ‚Ständchen' im Musikvereinssaale (Tuchlauben) öffentlich aufgeführt, und ihn nachdrücklich wiederholend dazu geladen. Wir sollten schon beginnen und noch immer sah ich unsern Schubert nicht. Dr. Jenger und der nachmalig erzherzogliche Hofrat Walcher waren anwesend. Als ich nun zu diesem sagte, daß es mir doch gar zu leid täte, wenn er auch heute es nicht hören sollte – denn er hat es ja noch nie gehört; wer weiß, wo er wieder steckt –, hatte Walcher die gute Idee: Vielleicht ist er bei Wanner ‚Zur Eiche' auf der ‚Brandstätte', denn dorthin gingen zur Zeit die Musiker gerne wegen des guten Bieres. Richtig, saß er dort und kam mit ihm. Nach der Aufführung war er ganz verklärt und sagte zu mir: Wahrhaftig, ich habe nicht gedacht, daß es so schön wäre."

Unter den Werken Schuberts für gemischten Chor muß man wenigstens auf den ‚Lazarus' hinweisen. Das war ein Oratorium auf deutschem Text in drei Teilen, für das Auferstehungsfest geschrieben. Aber es ist Fragment geblieben. Es war ein merkwürdiges Unternehmen auf den fortlaufenden Text, der in gewissem Sinne dramatisch gestaltet ist, eine Musik zu setzen, die sich nicht nach

Nummern teilt. Aber es ist Schubert so wenig wie in den Opern gelungen, uns in näheren Kontakt zu seinen Figuren zu bringen, die er in manchen Monotonien versinken läßt. Geniale Züge tauchen auf. Es gibt parsifalische Stimmungen von der Schmerzlichkeit des Lebens und der Natur. Der Text spricht: „Die sinkende Natur erliegt und trägt es doch, und möchte gern das Qualenleben dem Schöpfer willig wiedergeben, und seufzt und ringt zu sterben." Von wundervoller Melancholie ist die Musik auf einem langsam hauchenden Rhythmus, die Schubert zu dieser Stelle geschrieben hat.

Nun, schließlich sind die großen Messen, die Schubert geschaffen hat, auch Werke für gemischten Chor, aber sie gehen schon in das Gebiet der offiziellen kirchlichen Musik ein. Wie stand Schubert dazu? Wir wollen es offen sagen, daß ihm diese Musik durchaus nicht von Natur so am Herzen lag, wie die irdische. Er ist ja früh genug in den Himmel gekommen, um sich auf Erben an der diesseitigen Kunst genügend ergötzen zu können. Es gehörte zum Stande des Musikers, den kirchlichen Aufgaben zu genügen. Bach hat daraus eine Metaphysik geschaffen, die schon auf Erden den Himmel baut. Beethoven hat in seiner Messe die stärksten Kämpfe mit sich selbst bestanden und schließlich im Wesentlichen mehr die Landschaft des Heiligen, als die Inbrunst zum Ausdruck gebracht. Schubert darf keines dieser Probleme kennen. Er schreibt die Messen wohl mit einem Gefühl für die Macht der Musik, die in absoluter Form zu uns spricht, aber nicht in einer mystischen Gläubigkeit, auch nicht in einer italienischen Weltlichkeit. Er schreibt sie aus einer guten Schule heraus und bisweilen nimmt er Gelegenheit, seine malerischen Prinzipien, seine harmonischen Kühnheiten und auch seine melodischen Lieblichkeiten zu veräußern.

Es gibt sechs Messen von ihm. Die ersten vier sind schlichter und anspruchsloser. Die fünfte steigert schon sehr die Mittel und die Qualitäten. Die sechste, in Es-Dur, hat er wenige Monate vor seinem Tode geschrieben. Sie stellt einen Höhepunkt dar. Wir wollen uns mit ihr ein wenig beschäftigen, um seinen kirchlichen Stil beurteilen zu können. Der Chor ist in die gewohnten vier Stimmen geteilt, und ebenso stehen vier oder fünf Solisten vor ihm. Das Orchester entbehrt der Flöten, wie man es bei Schubert in ähnlichen

Fällen öfters beobachtet, aber auch der Orgel, die noch die fünfte Messe hatte. Zum Streichquintett kommen zwei Oboen, zwei Klarinetten, zwei Fagotte, zwei Hörner, drei Posaunen, später auch Pauken und Trompeten.

Das Kyrie beginnt im Orchester mit schleichenden Akkorden, von getragenen Rhythmen gestützt. Pianissimo singt der Chor den Anruf um das Mitleid. Leise melodische Linien erwachen in den Bläsern, in den Sopranen. Beim Anruf von Christus steigert sich die Masse zu einem Fortissimo mit starken Bläsern, mit tremolierenden Streichern, mit ausschreitenden Bässen. Man kehrt in das Kyrie zurück, in die geheimnisvolle Anfangsstimmung, und die melodischen Linien, die Polyphonien der Mittelstimmen erweitern sich in einem neuen Fortissimo, bis zum Ausklang dieses Satzes in zarten Akkorden.

47. Sechste Messe
Sanctus

Mächtig braust das Gloria auf, zuerst im unbegleiteten Chor. Das Orchester rauscht hinein. Süß legt sich der Friede auf Erden dazwischen. Die Lobpreisung Gottes reizt die Stimmen hinauf. Bei der Anbetung sinken sie in ein leises Geheimnis nieder. Gratias agimus tibi: die erste Melodie tritt in den Bläsern über die Pizzikatostreicher, und der Chor füllt die Harmonien. Noch ist die Isolierung der Stimmen schüchtern. Schon nimmt das Gloria wieder die instrumentale und vokale Masse in sich auf. Da schauert die erste Dramatik. Posaunen blasen zu tremolierenden Streichern ein liturgisches Motiv. Der Chor brüllt auf zum Gott, der die Sünden der Welt trägt. Er erschrickt vor sich selbst. Er haucht das Miserere in wehmütig verzweigten Harmonien, von den Holzbläsern durchleuchtet. In diesen Gegensätzen spalten sich die Elemente der Stimmen und der Instrumente. Cum sancto spiritu: der Baß beginnt ein Fugenthema, schwer, wuchtig. Der Tenor, der Alt, der Sopran baut sich darüber. Das Thema wird nach allen Regeln der Kunst gestaffelt und verengt. Die Figuren weben sich durch die Systeme, die eine immer das Echo der anderen. Unendlich breitet sich die Faktur. Kaum ein Orchesterzwischenspiel. Schon drängt es sich in kürzeren Linien und atmet auf dem Amen aus.

Das Credo beginnt mit einem Paukenwirbel. Die Stimmen geben ihre Zuversicht in starken, ebenmäßigen Akkorden, dazwischen gliedern sie sich in durchsichtigen Fugati. Es ist wieder Zeit zur Lyrik. Das Cello schlägt eine kleine Schubertsche Melodie vor, breit und langsam im Zwölfachteltakt. Die mittleren Streicher wiegen sich dazu. Das erste Tenorsolo nimmt das Motiv willig auf. Während es selbst die Fäden weiterspinnt, übergibt es das Thema dem zweiten Tenorsolo. Dann erfreut sich das Sopransolo daran. Es war der Gesang der Fleischwerdung. Der Gesamtchor übernimmt die Kreuzigung. Zu zitternden Rhythmen der Streicher grausame Akkorde, die sich in die verminderte Septime steigern. Und noch einmal wiederholt sich dieser Gegensatz. Paukenwirbel, und der Chor tritt in einen gegliederten Satz, in das Resurrexit ein. Es ist ein grandioses Bild von ehernem Glauben. Das Credo tritt wieder voran. Das Amen findet kein Ende in der absoluten Musik vielgeschichteter Stimmen, der es sich hingibt.

Der Gipfel der Messe wird erreicht im Sanctus. Schubert stürzt sich in alle Kühnheiten der Modulation. Es-Dur, H-Moll, G-Moll, Es-Moll, Schlag auf Schlag. Die Stimmen wachsen in diesen Anrufen zum Fortissimo. Die Himmel sind voll des Ruhmes und die Stimmen voll der Polyphonie. Osanna schlingt sich im Fugato durch die Register zum unendlichen Ruhme Gottes, der Musik und Schuberts. Eine starke Hand hat diese Seiten geschrieben. Da sie ganz innere Landschaft wurden, gaben sie das ehrlichste Zeugnis auch des kirchlichen Schubert. So sah er seinen Gott, so musizierte er ihn.

Lachner-Konzert, mit Schubert, Bauernfeld u. a. im Publikum
Fragment nach einer Zeichnung von M. v. Schwind. (Lachnerrolle)

Im Benedictus beruhigt er sich. Die erste Violine träumt eine Melodie von seiner Innigkeit. Die vier Soli übernehmen zart und edel ihre Ausführung. Der Chor wirft ein Fugato dazwischen. Soli und Chor wechseln in dieser Weise durch den Satz ab. Melodisches Gefühl durchtränkt ihn sichtbar. Er setzt die Osannafuge noch einmal daran aus einer Art Schamgefühl vor dem Stil.

Agnus Dei liegt ihm wohl am Herzen. Man hat Motiv und Stimmung mit dem Doppelgänger verglichen. Die Rhythmen hängen schwer. Die Stimmen winden sich vielfach chromatisch. Wo er um den Frieden bittet, streichelt er wieder die Kontur leichter, melodischer Erhebungen. Die Soli helfen ihm in der Schattierung. Sie wechseln schneller als sonst mit dem Tutti, so daß Licht und Gewalt in scharfen Abständen sich nähern. Dona nobis pacem: der letzte Ruf an seinen Gott ist eine kirchliche Kadenz im Fortissimo, das in einem gehauchten Es-Dur-Akkord verhallt.

Und die Oper? Kann man sich denken, daß Schubert je eine Oper gemacht hätte mit wirklichem Publikumserfolg? Dazu gehört eine andere Natur. Die Opernmusiker brauchen eine Handlung, um durch sie zu wirken, nicht bloß durch die Musik. Sie geben die Musik her, um dramatische Konflikte zu erhöhen oder zu vertiefen. Dieser Ausbruch der Leidenschaften, diese Charakteristik der Gegensätze ist ihnen wichtiger als alle Lyrik. Die Lyrik hat ihre Stelle nur als Reaktion gegen die Dramatik. Was die Handlung durcheinandergeworfen hat, zugespitzt oder zerstört, das hält die Lyrik an einem stillen Punkte fest, um das Gefühl ausströmen zu lassen. Sie beruhigt auch gern den Schluß einer Oper, um den Förderungen der Musik Genüge zu tun, die zuletzt immer Erinnerung oder Versöhnung ist. Was interessierten Schubert solche Probleme? Wenn er die Musik über einen Liedtext breitete, so folgte er ihm gern mit den kleinen Malereien, die aus seiner innersten Stimmung blühten. Wenn er Symphonien und Kammermusik schrieb, brauchte er nicht einmal diese Anregung. Für einen intimen Musiker ist die Oper nur Verwirrung. Mit der Reinheit seiner Kunst sieht er sich vor Paradoxien gestellt, die er kaum überwinden wird. In der absoluten Musik ist er stark genug, um sie niemals mit Erfolg in die Konflikte einer Handlung zu stürzen. Er unterwirft bestenfalls diese Handlung den Gesetzen seiner eigenen feinen Natur und zerstört damit das Wesen der Oper. Wie sympathisch ist das, wenn es solche Stärke ist und eben nicht Schwäche.

Gleichwohl hat sich Schubert als Kind seiner Zeit, und mehr noch aus Hoffnungen auf Geldverdienst, in diese zweifelhafte Unternehmung begeben. Er hat eine Masse Opern oder Singspiele verfertigt oder angefangen, von denen kaum noch ein Rest dem Volke geblieben ist. Er war unkritisch gegenüber den Texten, die das Dümmste sind, was wohl je einem Komponisten geboten wurde. Er hat sich auch gar nicht Mühe gegeben, die dramatischen Nerven der Zuhörer anzuregen oder die Wirkungen zu propagieren. Die reizenden

Stücke, die dabei übrigblieben, kamen wie aus Versehen zutage. Was sind das schon für Namen von Opern, die er unter der Hand hatte: ‚Des Teufels Lustschloß', ‚Der vierjährige Posten', ‚Fernando', ‚Die beiden Freunde von Salamanka', ‚Die Zwillingsbrüder', ‚Die Verschworenen oder der häusliche Krieg', ‚Die Zauberharfe', ‚Rosamunde von Zypern', ‚Alfonso und Estrella', ‚Fierrabras' und mancherlei Einlagen in andere Opern und sehr viele Fragmente. Begreift man die Arbeit? Es wird sich nicht lohnen, von den meisten Dingen zu sprechen. Wir werden Beispiele wählen, und in einigen typischen Fällen werden wir ausführlicher sein.

Die ‚Zauberharfe' wurde damals zwölfmal gegeben. Das war schon alles Mögliche. Sie hatte eine sehr hübsche Ouvertüre, von der wir noch sprechen werden, und sehr viele reizende Melodramen. Mottl versuchte diese Musik zu retten, indem er sie in eine Bearbeitung von Raimunds ‚Gefesselter Phantasie' aufnahm. ‚Alfonso und Estrella' wurde nach dem Lisztschen Versuch in Weimar noch von anderen Stellen ins Leben zurückgerufen, aber vergeblich. Dieses Schobersche Ritterstück starb immer wieder an seiner unmöglichen Handlung. Sie zieht die ganze Musik in den Abgrund, in der so viel frische Chöre, Orchestervorspiele, gefühlvolle Arien, malerische Illustrationen, Verschworenenspiele, Balladen, Märsche und Finales zu finden sind. Und noch schlimmer steht es mit ‚Fierrabras'. Schubert hatte diese Oper für den Großunternehmer Barbaja komponiert und Josef Kupelwieser, der Bruder des Malers, hatte den Text gemacht. Aufgeführt wurde sie damals ebensowenig wie ‚Alfonso und Estrella'. Es sind wieder reizende Chöre darin und Märsche und Romanzen und Nachtstimmungen und Ensembles, und die Instrumentation ist mit besonderem Geist gepflegt. Aber alles das wird musiziert für eine Handlung, die keines Menschen Herz rührt.

Bei den ‚Verschworenen' dürfen wir etwas länger verweilen. Unter den Schubertschen Opern ist diese noch am meisten gegeben worden. Und die Art seiner Musik verträgt sich hier noch am besten mit einem Text, der keine dramatischen Aufregungen verlangt, sondern sich mit einer Folge geschlossener Tonbilder begnügt. Es war im Jahre 1823. Ignatz Franz Castelli hatte ihm zu dem Einakter den Text geliefert. Er hatte ihn in einem Heft seiner ‚Dramatischen Sträußchen' herausgebracht und dazu die merkwürdigen Worte geschrieben: „Die Klage der deutschen Tonsetzer geht meistens dahin: ‚Ja, wir möchten gerne Opern komponieren, schafft uns nur Texte dazu'. Hier ist einer, meine Herren. Wollen Sie ihn mit Tönen begleiten, so bitte ich, meine Worte auch etwas gelten zu lassen und der Verständlichkeit des Ränkespieles nicht zu schaden, indem Sie Rouladen der musikalischen Charakteristik vorziehen. Ich glaube, die Oper müsse eine dramatische Handlung mit Musik begleiten, nicht eine Musik mit darunter gelegtem Texte sein. Und der Gesamteindruck gilt meinem Erachten nach mehr, als einem einzelnen Sänger Gelegenheit geben, seine Gurgelfertigkeit zu zeigen. Laßt uns etwas für die eigentliche deutsche Oper tun, meine Herren."

Die Zensur änderte den Titel ‚Die Verschworenen'. Das war zu anarchistisch. Es hieß jetzt der ‚Häusliche Krieg'. Schubert tauchte in der Musik unter. Er hatte wirklich so etwas wie eine deutsche Oper fertiggebracht. Er reichte sie in Wien ein und hörte nichts mehr. Nach einem Jahre schickte man ihm das Manuskript uneröffnet zurück. Auch mit Berlin war es nichts. Dort war nämlich eine andere Komposition auf denselben Text schon aufgeführt worden. Man hörte das Singspiel das erstemal am 1. März 1861 in Wien im Konzertsaal. Der Librettist Castelli war dabei, im Alter von 80 Jahren. Man fragte ihn nach Schubert. Er erinnerte sich, daß er ihn persönlich gekannt habe. Aber die Leute hätten ihm gesagt, Schuberts Komposition sei ohne jeden Humor und viel zu düster. Darum habe er sich um die Sache nicht mehr gekümmert. Im Oktober desselben Jahres führte die Wiener Hofoper das Werk auf. Im nächsten Jahre brachte es Schuberts Freund Lachner in München. Damals schrieb Schwind: „Die kleine Oper von Schubert hat mich ganz glücklich gemacht. Welche einfache und unschuldige Freude, eine schöne Musik zu machen, und welch ein Reichtum und Instinkt für das Dramatische. Mit einiger Erfahrung wäre er hinter Weber nicht zurückgeblieben."

Der Inhalt der ‚Verschworenen' kam Schubert sehr entgegen. Es ist die Geschichte eines Frauenaufstandes gegen die Männer, also nach dem Muster der Lysistrata. Die Männer sind Ritter, die während des Kreuzzuges die Frauen verlassen haben, eine gute Gelegenheit für Männerchöre. Und die Frauen, die sich an den Männern rächen wollen durch Verweigerung der Liebe, haben ebenso die schönste Gelegenheit zu Frauenchören. Und Männerchöre und Frauenchöre können sich zu trefflichen gemischten Chören vereinigen. Nimmt man noch aus den Rittern und den Frauen ein paar Solisten heraus, die die Handlung persönlich illustrieren und nuancieren, so hat man das Opernpersonal nach dem einfachsten Schema zusammen. Daß schließlich das Spiel der Ränke und Listen in einer allgemeinen Versöhnung endigt, liegt auch besser auf dem Wege Schuberts, als schwere Tragik. So hat er in die einzelnen Musiknummern nur seine liebsten Formen einzusetzen gebraucht, um sowohl den Text als sich zufriedenzustellen. Sein ganzes Repertoire an Chören, Liedern und Märschen findet den schönsten Absatz, und die Symmetrie der Handlung begünstigt alle formalen Gesetze.

Da ist zuerst das Duett zwischen dem Pagen und der Zofe, also dem typischen Liebespaar zweiter Stufe. Sie erkennen sich, zweifeln ein wenig und lieben sich wieder. Nichts leichter, als dies in eine schöne Symmetrie zu setzen. Sie nehmen sich die reizendsten Schubertschen Melodien vom Munde ab und wiederholen sie in einer unendlichen Freude an ihrem Wohllaut, und vereinigen sich zuletzt in einem sehr populären Zwiegesang, in dem keine der beiden Parteien vor der anderen etwas voraus hat, da jede Figur und jede Phrase mit der gerechtesten Gleichmäßigkeit verteilt ist. Nicht weit davon steht die Romanze der Helene. Niemand wird zweifeln, daß sie dieses schöne F-Moll-Stück von unserem lieben Schubert geschenkt bekam, der es mit allen Zartheiten alterierter Durchgangsnoten ausstattet, um es, seiner Natur getreu, zuletzt in das sanfte F-Dur überzuführen. Das Ensemble, das kurz darauf in C-Dur anhebt, hat eine jener entzückenden tänzerischen Begleitungen zur Grundlage, auf der sich die Melodien wie von selbst aufbauen. Der erste Frauenchor, von der Gräfin angenehm unterbrochen, schwingt seine Harmonien in allen Süßigkeiten des Satzes. Der Rhythmus geht über in einen Polonäsentakt, Schubert sehr im Blute, auf dem sich eine echt romantische Weise entwickelt, die man wirklich von Weber nicht mehr unterscheiden kann. Chor und Solisten haben es nicht schwer, ihre Phrasen darüberzusetzen. Aus dem F-Dur ist ein F-Moll geworden, in das sich wie von selbst die melodischen Klagen einfügen, worunter die Polonäse genügenden Mut anfeuert. Man ist gerüstet zu einem schon komplizierteren Satz. Der Frauenchor und alle Solisten vollführen ein hübsches Stück in C-Dur, in aller Delikatesse Schubertscher Melodien und Imitationen in den mannigfachen Stimmen des Ensembles. Das war die erste größere Leistung. Mit der Oper hat es weniger zu tun als mit Schubert.

Und wieder ist Gelegenheit zu einem Frauenchor. Die Frauen schwören ihre Rache. Die Gräfin führt dazwischen das Solo. Es ist also dieselbe Kombination von Stimmen, die schon da war. Aber sie liegt Schubert gut. Der Schluß des Satzes ist auch ganz typisch. Sie schleichen pianissimo still davon, wie in Hunderten von italienischen und deutschen Opern. Es wird wieder Zeit für einen Männerchor. Ein hübsches Marschmotiv in H-Moll leitet ihn ein. Die Ritter singen doch zu reizend auf den Frieden. Das ist eine Melodie in D-Dur, wie ein gutes Studentenlied, vergnügt und zuversichtlich. Auch mit dem Ensemble Nr. 6 wird keine große Gelehrsamkeit getrieben. Obwohl der dramatische Fall vorliegt, daß der Page den Plan der Frauen den Männern verrät (denn er hat ja eine Weiberstimme und war heimlich bei den Verschwörerinnen), so geht doch alles die gemächlichen Wege des strophischen Liedes. Eine kleine Melodie wird untergelegt, der Graf und der Page setzen ihren Dialog darauf und der Chor gibt die Akzente. Manchmal, wenn es besonders heftig werden soll, wirft Schubert eine kühne Modulation hinein und hat dem Drama gegeben, was er imstande war. Es wird ein ausgebreitetes Ensemble. Der Graf und der Page mit dem Chor verschlingen reichlich viel Akkorde und setzen ihre Stimmen munter gegeneinander. Die Frauen sollen von ihrer List keine Frucht genießen. Auf das Wort „keine" gibt es einen scharfen Rhythmus, abwechselnd zwischen Gesang und Orchester, und dann kann man beruhigt den Schluß machen.

Man ist so weit, die beiden Chöre zusammenzubringen. Erst kommen die Frauen auf eine weitgeschwungene Melodie und dann kommen die Männer etwas härter in der Harmonie. Es ist niedlich, wie sich dazwischen einige Solostimmen vergnügen. Die Frauen werden dann mit einem neuen Thema beglückt, etwas eiliger und erregter, und nachdem auch die Soli der Männer ihren Zwischensatz geliefert haben, übernimmt deren Chor dieses selbe Thema, obwohl das doch eigentlich sehr unpsychologisch ist. Aber das Gesetz der Musik herrscht bei Schubert bedenkenlos über die Wahrscheinlichkeit. Graf und Gräfin, sich feindlich gesinnt, rollen dieselbe Melodie in einem Duett ab, in einem kanonischen. Jetzt erfolgt der Zusammenstoß. Der Chor der Ritter hebt wieder eine neue, trinkselige Melodie an, und die Frauen setzen darüber staunende Fragen, gedrückte Akkorde. Es wäre aber keine rechte komische Oper, wenn nicht beide Chöre schließlich ihre Themen zu gegenseitigem Gebrauch austauschten und den ganzen Hauptteil zur musikalischen Übung wiederholten. Und so geschieht es.

Ein Duett zwischen Astolf und Helene empfängt uns mit ungewohnten dunkeln Tönen, die vielleicht Schubert den Vorwurf der Trübseligkeit eingetragen haben. Bald löst sich eine Melodie von schmiegsamer Empfindung mit allen chromatischen Schattierungen Schubertschen Ausdruckes. Er singt sie, sie singt sie. Unter der Bewegung des Orchesters nähern sie sich und gehen nach gutem italienischen Muster in ein Allegro über, das, von schönen, freien Harmonien umspielt, ihre Stimmen immer wieder in der altbewährten Methode gar wirksam gegeneinandersetzt. Die Ariette, die der Graf allein singt, entspricht vollkommen der Disposition eines Schubertschen Liedes. Das immer wiederholte „Für dich" gibt die gleichen effektvollen Akzente, wie die bekannten Refrains in seinen Liebesliedern. Es ist ein sehr schönes Stück, würdig des Meisters, in der romantischen Elastizität der Melodik und Harmonik und in der wundervollen Freiheit der Modulation, die jeder seelischen Regung folgt. Es ist ganz im Stil dieser Oper, wenn die Gräfin sofort dieselbe Arie mit anderem Text und mit dem Refrain „für mich" ins Parodistische umsetzt.

Das Finale bringt gewiß keine dramatischen Überraschungen. Es reiht die Katastrophe und die Versöhnung mit aller angemessenen Lieblichkeit auf tänzerische Rhythmen, in die sich Chöre und Solo gern hineinfinden. Eine tragende Melodie, die zuerst vom Orchester angeschlagen wurde, geht dann in den Mund der führenden Gräfin über, die das Ensemble konturiert. Plötzlich beginnt pianissimo eine nette Marschmelodie, mit einem entzückenden Akzent auf der Rone, erst von der Gräfin mitgesungen, dann von den Frauen insgesamt wiederholt – es ist der Sang, mit dem sie angeblich in den Krieg mitziehen wollen. Die kleinen Verwirrungen, die sich bilden, lösen sich bald wieder ins Tänzerische auf. Die Doppelchöre stellen sich zum Schluß. Sie vollführen ein anmutiges Gegenspiel ihrer Massen, ihrer Stimmen – und schon senkt sich die erste Melodie versöhnend auf das Finale nieder, ein reizendes Solomännerquartett nimmt die Stimmung auf, der Chor der Ritter führt sie weiter, und immer noch unter dem Segen der ersten Melodie einigen sich die Parteien in der Handlung, wie sie sich längst in der Musik geeinigt haben. Eine Weise von idyllischer Grazie, so ganz Schubert, wie nur je, wird das Schlußwort der Chöre, erst der Ritter, dann der Frauen, und ein volles C-Dur schlingt Hände und Stimmen zusammen.

48. Die Verschworenen. Oper. Letzter Ritterchor. C-Dur

Allegro moderato

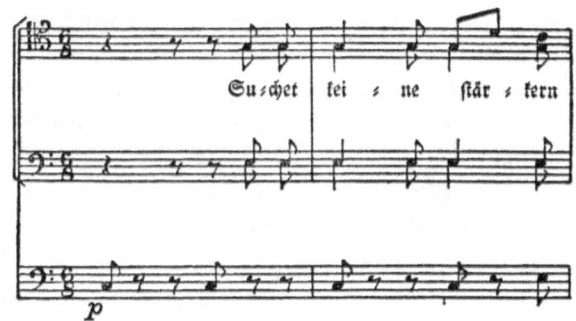

Mit der ‚Rosamunde' wollen wir uns von Schubert verabschieden. Das Stück, zu dem er diese Musik schrieb, stammte von Helmine Chezy. Dieses Frauenzimmer hatte viel auf dem Gewissen. Von ihr ist der Text zu Webers ‚Euryanthe', durch den sie der Musik den Weg abschnitt. Schuberts Schicksal war das gleiche. Die wunderbare Musik, die immerhin aufgeführt wurde, hätte sich sicherlich damals länger gehalten, wenn man das Stück vertragen hätte. Weber sagte von ihr: „Eine unausstehliche Frau". Bauernfeld nennt sie „äußerst gutmütig, etwas lächerlich und schmutzig". Ich denke, man kann sie sich vorstellen. Mit ihren Dichtereien war sie sehr aufdringlich. Sie war im Sommer 1823 von Dresden nach Wien gekommen und aufgefordert worden, für das Benefiz einer Schauspielerin am Theater an der Wien etwas zu schreiben. Das war die ‚Rosamunde'. Schubert wurde um die Musik gebeten. Aber so einfach ging das nicht. Man gab zu diesem Benefiz zunächst einmal ein anderes Stück, das hieß ‚Der böse Krollo'. Erst im Winter kam die „Rosamunde" an die Reihe. Aber ‚Der böse Krollo' erledigte sie dann nach zweimaliger Aufführung. Er gefiel dem Publikum viel besser.

Schwind schreibt an Schober über die Premiere: „Vorgestern wurde an der Wien ein Stück von der heillosen Frau von Chezy gegeben, ‚Rosamunde von Cypern', mit Musik von Schubert. Du kannst Dir denken, wie wir alle hineingingen! Da ich den ganzen Tag nicht aus war, wegen dem Husten, so konnte ich mich auch nicht verabreden und kam allein in den dritten Stock, während die anderen im Parterre waren. Schubert hat die Ouvertüre, die er zur ‚Estrella' geschrieben hat, hergegeben, da er sie für die ‚Estrella' zu aufhauerisch findet und eine neue machen will. Mit allgemeinem Beifall wurde sie wiederholt, zu meiner größten Freude. Du kannst Dir denken, wie ich die Bühne und die Instrumentierung verfolgte. Ich weiß, daß Du dafür geforchten hast. Ich habe bemerkt, daß die Flöte, der das Thema halb anvertraut ist, etwas vorschlägt. Es kann aber auch am Bläser gelegen sein. Sonst ist durchaus verständig und gleichgewichtig. Nach dem ersten Akt war ein Stück eingelegt, das für den Platz, den es einnahm, zu wenig rauschend war und sich zu oft wiederholte. Ein Ballett ging unbemerkt vorüber, und ebenso der zweite und dritte Zwischenakt. Die Leute sind halt gewohnt, gleich nach dem Akt zu plaudern, und ich begreife nicht, wie man ihnen zutrauen konnte, so ernste und löbliche Sachen zu bemerken. Im letzten Akt kam ein Chor von Hirten und Jägern, so schön und natürlich, daß ich mich nicht erinnere, etwas Ähnliches gehört zu haben. Mit Beifall wurde er wiederholt, und ich glaube, er wird dem Chor aus der Weberschen ‚Euryanthe' den gehörigen Stoß versetzen."

Die Chezy schrieb in ihren Erinnerungen darüber. Ihre Dichtung sei eben für dieses Publikum ungeeignet. Die Musik hätte ja allen Erfolg gehabt. Die Kritik war damals der Meinung, daß Schubert bei aller Originalität leider auch Bizarrerie zeige. Der junge Mann stehe in der Entwicklungsperiode. Man wünsche, daß sie glücklich vonstatten gehe. Die schwärmerische Romanze würde ohne Zweifel in der Gesangswelt bald allgemein ein Lieblingsstück sein. Es erscheint heute noch als ein Wunder, daß die Musik Schuberts immerhin solche Wirkungen hervorbrachte. Das Orchester hatte nur eine Probe gehabt. Die Chezy gab sich übrigens nicht gleich zufrieden. Sie versuchte eine Umarbeitung. Schubert schrieb ihr: „Wenn Euer Gnaden mich mit einem Exemplar der umgearbeiteten ‚Rosamunde' beglücken können, so verbinden Sie mich sehr". Dann schlief das Werk. Herbeck hat es erst 1867 in Wien wieder aufgeführt. Wenigstens die Musik. Und in dieser Form lebt sie heute, wie nur je. Sie gehört zu dem Köstlichsten, was Schubert geschrieben hat. Darum habe ich die Lebensumstände dieser Musik genauer erzählt, weil in ihnen der typische Kontrast zu dem Werte der Schubertschen Produktion gegeben ist. Nun werfen wir einen letzten Blick auf diese.

Die Ouvertüre zur ‚Rosamunde', die wir jetzt immer hören, ist nicht etwa die zur ‚Estrella', die Schubert ursprünglich davorgesetzt hatte, sondern es ist die zur ‚Zauberharfe', die er dann für geeigneter hielt, obwohl sie motivisch in der alten Oper verankert war. Aber sie ist doch sehr hübsch und sehr bezeichnend. Wie er da mit den schweren Akkorden anfängt, in denen er sich zwischen C und Des dreht, ist ganz seine Hand. Und dann die nette langsame Melodie, wie sie erst in Es-Dur auftritt und dann in Ges-Dur hinübergenommen wird, und wie dann alles mit bedeutender Gebärde auf die Dominante G hinsteuert: Nun sind wir im geliebten C-Dur. Ein reizendes, hüpfendes Thema blüht auf, steigert sich, schlingt sich durch die benachbarten Harmonien. Und es wird der Boden mit Tanzfüßen geschlagen. Und nach einer Beruhigung kommt dann das liebliche zweite Thema, so gesangsfreudig, froh im Kreise sich drehend, aufrauschend und doch wieder beruhigt. Und dann kommt das dritte Motiv in seinem Rhythmus des Viertels mit den beiden

Achteln und rauscht auch aus dem Pianissimo zu fröhlichster Beweglichkeit auf und springt und frohlockt und kehrt zum Anfang wieder zurück. Ein Vivaceschluß krönt diese Entwicklung vom langsamen zum schnellen Tempo, in der alle dynamischen Schattierungen vom leisen Geheimnis zum starken Ausbruch Schubertschen Atem tragen.

Nun aber folgen die Stücke aus der eigentlichen ‚Rosamunde'. Sie sind wie ein Brevier von Schubert, in dem er seine Lieblingsideen aufzeichnete, für uns heute zum letztenmal.

Diese Romanze, welche schöne Traurigkeit strömt sie aus. Von wiegenden Harmonien ist sie begleitet wie von Gitarrenmusik. In Dur beginnt sie das Orchester, und die Stimme setzt sofort in Moll ein. Die Akkorde schleichen in süßer Wehmut. Alles bleibt leise und verhalten. Es sind nur ein paar Zeilen, die sich wiederholen. Dur und Moll streichen darüber in aller Schubertschen Abwechslung. Die Linie der Melodie ist von einer vollkommenen Geschlossenheit. Es ist ein Paradigma des kleinen Liedes von Schubert.

Dann der Geisterchor: ein Paradigma des Schubertschen Männerchors, vierstimmig, von Hörnern und Posaunen begleitet, mit allen starken Akzenten des Fortissimo, des leisen Unisono, der Harmonienwandlung, der Stimmenstaffelung.

Und nicht anders der Jägerchor. Auch vier Männerstimmen, aber auf einen heiteren, männlichen Rhythmus, in aller Schlichtheit romantischer Stimmung.

Und drittens der Hirtenchor. Ein einfaches und gutes Muster seines gemischtchorigen Stils, immer wieder Viertel mit zwei Achteln, wohlig bewegt in der Kontur, mit reizenden kleinen Durchgängen in der Harmonie, von den Soli angenehm unterbrochen, und so langatmig, als es nur erlaubt ist.

Aber das Schönste sind die Entreakte und Ballettmusiken. Der erste Entreakt war wirklich eine Offenbarung, die die Leute damals kaum goutieren konnten. Schubert will sich nicht genug darin tun. Die Vorbereitung in H-Moll ist noch nichts Besonderes. Aber dann beginnt der Hauptsatz so sinnig und fein, als ob er eines seiner scheusten Impromptus wäre. Wie das gefühlt ist! Wie das atmet! Das ist keine gewöhnliche instrumentale Melodie, das ist innere

Sprache. Es ist zunächst fast rein harmonisch, nur mit kleinen Verzierungen. Aber wie die Akkorde delikat geführt und gewandelt sind, wie sie sich steigern und ausleben, wie sie aus dem starken Moll in das ganz leise und gebundene Dur übergehen, immer sublimer, ausgezehrter und dabei unerschöpflich in ihrer Verwandlung – das ist gar nicht zu sagen. Aber es wird immer wundervoller. Auf einem Tremolo entwickelt sich in Fis-Moll eine Melodie, deren Form und deren Ausbildung, in ihrer Gebärde von oben herunter, die Verwandtschaft mit Weber herzlich bekennt. Schubert schwelgt in diesen Themen. Seine Erfindung ruht nicht, bis sie sie nach allen Seiten ausprobiert hat, mögen sich die Stimmen dabei auch noch so sehr biegen und alterieren. Bald greift er mutig nach der Höhe, bald versenkt er sich mystisch in tiefe Akkorde und dehnt und bindet die Musik, göttlich inspiriert, zu Gebilden, die die Welt des Lohengrin deutlich vorausnehmen. Immer wieder geht es mit denselben Motiven in neue Tonarten, in neue Verschmelzungen, neue Soli und neue Staffelungen, und er erschrickt nicht vor den unheimlichsten Kombinationen, die sich dabei von selbst ergeben. Ein Ende findet er nicht, er findet nur wieder den Anfang und legt seine Musik noch einmal in das Orchester, das ihn staunend anblickt, ob diese Symphonie wirklich zwischen zwei Akten vor einem unruhigen Publikum gespielt werden soll – bis ein schneller Schluß die Zweifel niederschlägt.

Der zweite Entreakt besitzt die unsterbliche Melodie Schuberts, die er selbst so liebte, daß er sie in manchen anderen Stücken noch verwendet hat: in seinem eigensten Rhythmus, dieses süße und treue und einfältige Niedergehen und Aufsteigen einer volkstümlichen Weise, die sich mit aller Herzlichkeit um ihre Tonika und Dominante dreht, um im zweiten Teil durch die Überraschungen fremder, plötzlicher, leiser Harmonien den Rückweg erst recht lieblich zu gestalten. Soll man dabei von den merkwürdigen Parallelen der Quinten oder der Septimen in den Stimmen sprechen, die damals die Gehirne erschütterten? Nein, die Wahrheit und Schönheit der Empfindung selbst ist uns wohl doch wichtiger. Zwei Nebensätze sind in die Wiederholung des Hauptsatzes eingestellt, die in ihrer Harmlosigkeit sein Licht noch heller strahlen lassen.

49. Rosamunde. Ballett I. G-Dur

Die erste Ballettmusik hat uns durchs Leben begleitet und wird uns noch im Himmel in den Ohren klingen. Du lieber, guter Schubert! Wie oft hast du so einen Marsch angefangen, mit der Pizzikatobegleitung, die so angenehm neugierig macht, und dann eine fröhlich tänzerische Melodie daraufgesetzt – aber wohl nie eine schönere wie diese. Wie entzückend ist der Schritt vom G-Dur zum A-Moll und wieder zurück zum G, den du durch dein Leben wohl hundertmal ausprobiert hast. Wie neckisch hüpft die Melodie in die Höhe, steigt sie herab, schlingt die Stimmen, wiederholt die Wendung, reicht ihr die Hand, senkt sie zum Schluß. Und wie lächelt in allem Gebrumme und Gestampfe plötzlich der heiterste Einfall uns an, schlenkert ein wenig, kichert hinauf und legt sich zu Füßen. Juchzer des Volkstanzes, Pausen des Glücks, Korresponsionen des Verständnisses und plötzliches Abhüpfen der naivsten Lust: unvergänglich! Ist dies das zweite Ballett? Das fängt ja an wie der erste Entreakt. Ja, genug kann Schubert nicht haben. Er dreht seine Symphonie noch einmal um zum Tanze, zum gleichmäßigen Schritt, zu einer Pantomime der Liebe und Verklärung, die den Abschied von uns vorbereitet. Der Abschied ist ein Andante in G-Dur, ganz gebunden und ganz leise, eine feine kleine Melodie, in der alle Heimlichkeiten und Freudigkeiten, alles Erleben und aller Trost der Schubertschen Gesinnung enthalten ist.

Rosamunde war für uns ein Symbol. Ihr Schicksal und ihr Wert schließen alles ein, was von Schubert zu sagen ist. Ein Auftrag aus schlechter Hand, die Hemmungen der Aufführung, schiefe Urteile, ein verfahrener Weg, Verlieren und Vergessen – es ist ein Zeichen dieses Lebens, das nie gelebt worden ist. Aber aus ihm steigt Musik, inoffiziell, heimlich, Gedicht in träumendem Herzen. Sie löst sich vom Irdischen und schwebt durch die Zeiten, Tanz und Lied seliger Geister, Gemeinschaft aller derer, die über das bißchen Leben hinaus in diesen Himmel ihm folgen.

Editorische Notiz:

Der Text der vorliegenden Edition folgt der Ausgabe:
Oscar Bie: Franz Schubert. Sein Leben und Werk. 2. Auflage.
Verlag Ullstein., Berlin 1925.

Der Text wurde aus Fraktur übertragen. Die Orthographie wurde behutsam modernisiert, grammatikalische Eigenheiten bleiben gewahrt. Die Interpunktion folgt der Druckvorlage.

Ebenfalls im SEVERUS Verlag erhältlich:

Theodor von Frimmel
Beethoven Studien I:
Beethovens äußere Erscheinung
Mit einem Vorwort von
Melina Duracak

SEVERUS 2010 / 184 S. / 29,50 Euro
ISBN 978-3-942382-80-9

Ludwig van Beethoven (1770-1827) hat sein Leben lang die Menschen mit seinem Wesen und seiner Musik aufgerührt. Mit seinem Widerstreben gegen die Form und seiner Konzentration auf die individuelle Vorstellung von Musik schlug er die Brücke von der Wiener Klassik zur Romantik.

Schon seit dem frühen 19. Jahrhundert entstanden zahlreiche künstlerische Darstellungen, die sich mit der Person Beethoven beschäftigen. Die Bilder und Fotografien vermitteln am anschaulichsten eine Vorstellung vom Leben und den Lebensumständen des Komponisten. Bis in die Gegenwart hinein dient die Person Ludwig van Beethoven als Inspiration für neue künstlerische Umsetzungen. Dieser Aspekt wird zunehmend in der musikwissenschaftlichen und kunsthistorischen Forschung von Bedeutung.

Theodor von Frimmel, einer der bedeutendsten Beethoven-Forscher, zeigt in dem vorliegenden Band Bildnisse des Komponisten, die zu seinen Lebzeiten und nach seinem Tod entstanden sind, und hinterfragt sie kritisch. Mißlungene Portraits werden aufgedeckt, gelungene hervorgehoben. Am Ende steht ein authentisches Bild Beethovens.

Ebenfalls im SEVERUS Verlag erhältlich:

Theodor von Frimmel
**Beethoven Studien II:
Bausteine zu einer Lebensgeschichte des Meisters**

SEVERUS 2010 / 292 S./ 29,50 Euro
ISBN 978-3-942382-81-6

Ludwig van Beethoven, heute einer der meistaufgeführten Komponisten der Welt, wurde 1770 in Bonn geboren. Sein ehrgeiziger und alkoholabhängiger Vater wollte ihn zu einem „Wunderkind" à la Mozart machen und trieb ihn gewaltsam an. Schon bald war Beethoven der herausragendste Komponist und Klavierspieler Wiens. Er galt als Meister der Improvisation, seine Kammermusik bezeichnete man als vollkommen neuartig. Seine zahlreichen Symphonien, Klavierkonzerte, Streichquartette, Klaviersonaten, Messen und die Oper *Fidelio* führten die Wiener Klassik zu ihrem Höhepunkt und ebneten der Romantik ihren Weg. Beethoven, der seine letzten Jahre in völliger Taubheit verbrachte, komponierte noch bis ins hohe Alter hinein. Die Töne, die durchdrungen waren vom revolutionären Geiste, hatte er im Kopf. Abgeschieden von der Außenwelt starb das vereinsamte Genie 1827.

Theodor von Frimmel schildert in der vorliegenden Biographie eindrucksvoll Stationen aus dem Leben Beethovens. Er durchleuchtet die gesellschaftlichen Kreise des Komponisten und nennt bis dahin noch ungekannte Quellen. Gestützt werden seine Aussagen durch Augenzeugenberichte und Zitate Beethovens.

Bisher im SEVERUS Verlag erschienen:

Achelis. Th. Die Entwicklung der Ehe * **Andreas-Salomé, Lou** Rainer Maria Rilke * **Arenz, Karl** Die Entdeckungsreisen in Nord- und Mittelafrika von Richardson, Overweg, Barth und Vogel * **Aretz, Gertrude (Hrsg)** Napoleon I - Briefe an Frauen * **Ashburn, P.M** The ranks of death. A Medical History of the Conquest of America * **Avenarius, Richard** Kritik der reinen Erfahrung * Kritik der reinen Erfahrung, Zweiter Teil * **Bernstorff, Graf Johann Heinrich** Erinnerungen und Briefe * **Binder, Julius** Grundlegung zur Rechtsphilosophie. Mit einem Extratext zur Rechtsphilosophie Hegels * **Bliedner, Arno** Schiller. Eine pädagogische Studie * **Blümner, Hugo** Fahrendes Volk im Altertum * **Brahm, Otto** Das deutsche Ritterdrama des achtzehnten Jahrhunderts: Studien über Joseph August von Törring, seine Vorgänger und Nachfolger * **Braun, Lily** Lebenssucher * **Braun, Ferdinand** Drahtlose Telegraphie durch Wasser und Luft * **Brunnemann, Karl** Maximilian Robespierre - Ein Lebensbild nach zum Teil noch unbenutzten Quellen * **Büdinger, Max** Don Carlos Haft und Tod insbesondere nach den Auffassungen seiner Familie * **Burkamp, Wilhelm** Wirklichkeit und Sinn. Die objektive Gewordenheit des Sinns in der sinnfreien Wirklichkeit * **Caemmerer, Rudolf Karl Fritz Die** Entwicklung der strategischen Wissenschaft im 19. Jahrhundert * **Cronau, Rudolf** Drei Jahrhunderte deutschen Lebens in Amerika. Eine Geschichte der Deutschen in den Vereinigten Staaten * **Cushing, Harvey** The life of Sir William Osler, Volume 1 * The life of Sir William Osler, Volume 2 * **Dahlke, Paul** Buddhismus als Religion und Moral, Reihe ReligioSus Band IV * **Eckstein, Friedrich** Alte, unnennbare Tage. Erinnerungen aus siebzig Lehr- und Wanderjahren * Erinnerungen an Anton Bruckner * **Eiselsberg, Anton Freiherr von** Lebensweg eines Chirurgen * **Eloesser, Arthur** Thomas Mann - sein Leben und Werk * **Elsenhans, Theodor** Fries und Kant. Ein Beitrag zur Geschichte und zur systematischen Grundlegung der Erkenntnistheorie. * **Engel, Eduard** Shakespeare * Lord Byron. Eine Autobiographie nach Tagebüchern und Briefen. * **Ferenczi, Sandor** Hysterie und Pathoneurosen * **Fichte, Immanuel Hermann** Die Idee der Persönlichkeit und der individuellen Fortdauer * **Fourier, Jean Baptiste Joseph Baron** Die Auflösung der bestimmten Gleichungen * **Frimmel, Theodor von** Beethoven Studien I. Beethovens äußere Erscheinung * Beethoven Studien II. Bausteine zu einer Lebensgeschichte des Meisters * **Fülleborn, Friedrich** Über eine medizinische Studienreise nach Panama, Westindien und den Vereinigten Staaten * **Goette, Alexander** Holbeins Totentanz und seine Vorbilder * **Goldstein, Eugen** Canalstrahlen * **Graebner, Fritz** Das Weltbild der Primitiven: Eine Untersuchung der Urformen weltanschaulichen Denkens bei Naturvölkern * **Griesser, Luitpold** Nietzsche und Wagner - neue Beiträge zur Geschichte und Psychologie ihrer Freundschaft * **Hartmann, Franz** Die Medizin des Theophrastus Paracelsus von Hohenheim * **Heller, August** Geschichte der Physik von Aristoteles bis auf die neueste Zeit. Bd. 1: Von Aristoteles bis Galilei * **Helmholtz, Hermann von** Reden und Vorträge, Bd. 1 * Reden und Vorträge, Bd. 2 * **Henker, Otto** Einführung in die Brillenlehre * **Kalkoff, Paul** Ulrich von Hutten und die Reformation. Eine kritische Geschichte seiner wichtigsten Lebenszeit und der Entscheidungsjahre der Reformation (1517 - 1523), Reihe ReligioSus Band I * **Kautsky, Karl** Terrorismus und Kommunismus: Ein Beitrag zur Naturgeschichte der Revolution * **Kerschensteiner, Georg** Theorie der Bildung * **Klein, Wilhelm** Geschichte der Griechischen Kunst - Erster Band: Die Griechische Kunst bis Myron * **Krömeke, Franz** Friedrich Wilhelm Sertürner - Entdecker des Morphiums * **Külz, Ludwig** Tropenarzt im afrikanischen Busch * **Leimbach, Karl Alexander** Untersuchungen über die verschiedenen Moralsysteme * **Liliencron, Rochus von / Müllenhoff, Karl** Zur Runenlehre. Zwei Abhandlungen * **Mach, Ernst** Die Principien der Wärmelehre * **Mausbach, Joseph** Die Ethik des heiligen Augustinus. Erster Band: Die sittliche Ordnung und ihre Grundlagen * **Mauthner, Fritz** Die drei Bilder der Welt - ein sprachkritischer Versuch * **Müller, Conrad** Alexander von Humboldt und das Preußische Königshaus. Briefe aus den Jahren 1835-1857 * **Oettingen, Arthur von** Die Schule der Physik * **Ostwald, Wilhelm** Erfinder und Entdecker * **Peters, Carl** Die deutsche Emin-Pascha-Expedition * **Poetter, Friedrich Christoph** Logik * **Popken, Minna** Im Kampf um die Welt des Lichts. Lebenserinnerungen und Bekenntnisse einer Ärztin * **Prutz, Hans** Neue Studien zur Geschichte der Jungfrau von Orléans * **Rank, Otto** Psychoanalytische Beiträge zur Mythenforschung. Gesammelte Studien aus den Jahren 1912 bis 1914. * **Rohr, Moritz von** Joseph Fraunhofers Leben, Leistungen und Wirksamkeit * **Rubinstein, Susanna** Ein individualistischer Pessimist: Beitrag zur Würdigung Philipp Mainländers * Eine Trias von Willensmetaphysikern: Populärphilosophische Essays * **Sachs, Eva** Die fünf platonischen Körper: Zur Geschichte der Mathematik und der Elementenlehre Platons und der Pythagoreer * **Scheidemann, Philipp** Memoiren eines Sozialdemokraten, Erster Band * Memoiren eines Sozialdemokraten, Zweiter Band * **Schlösser, Rudolf** Rameaus Neffe - Studien und Untersuchungen zur Einführung in Goethes Übersetzung des Diderotschen Dialogs * **Schweitzer, Christoph** Reise nach Java und Ceylon (1675-1682). Reisebeschreibungen von deutschen Beamten und Kriegsleuten im Dienst der niederländischen West- und Ostindischen Kompagnien 1602 - 1797. * **Stein, Heinrich von** Giordano Bruno. Gedanken über seine Lehre und sein Leben * **Strache, Hans** Der Eklektizismus des Antiochus von Askalon * **Thiersch, Hermann** Ludwig I von Bayern und die Georgia Augusta * **Tyndall, John** Die Wärme betrachtet als eine Art der Bewegung, Bd. 1 * Die Wärme betrachtet als eine Art der Bewegung, Bd. 2 * **Virchow, Rudolf** Vier Reden über Leben und Kranksein * **Wecklein, Nikolaus** Textkritische Studien zu den griechischen Tragikern * **Weinhold, Karl** Die heidnische Totenbestattung in Deutschland * **Wellmann, Max** Die pneumatische Schule bis auf Archigenes - in ihrer Entwickelung dargestellt * **Wernher, Adolf** Die Bestattung der Toten in Bezug auf Hygiene, geschichtliche Entwicklung und gesetzliche Bestimmungen * **Weygandt, Wilhelm** Abnorme Charaktere in der dramatischen Literatur. Shakespeare - Goethe - Ibsen - Gerhart Hauptmann * **Wlassak, Moriz** Zum römischen Provinzialprozeß * **Wulffen, Erich** Kriminalpädagogik: Ein Erziehungsbuch * **Wundt, Wilhelm** Reden und Aufsätze * **Zoozmann, Richard** Hans Sachs und die Reformation - In Gedichten und Prosastücken, Reihe ReligioSus Band III

www.ingramcontent.com/pod-product-compliance
Lightning Source LLC
Chambersburg PA
CBHW032105300426
44116CB00007B/889